¿DESEAS VENDER EN INTERNET ?

2014-2015

Módulos técnicos para impartir en cursos de Formación Profesional para el Empleo de la Junta de Andalucía, Ministerio de trabajo y Asuntos Sociales y del Instituto Municipal de Formación y Empleo IMFE de Excmo. Ayuntamiento de Málaga y cursos para trabajadores a través de la Fundación Tripartita. Basado en el Taller de Creación de empresas digitales.

Autor: Martin, Sánchez Morales

¿Deseas vender en internet?

1ª Edición

Autor: Martin, Sánchez Morales
Calle Castelao,8 Polg. Ind. Guadalhorce
Telf: 952056539
29004 – Málaga – Andalucía – España
http://www.facebook.com/martinmorales
http://www.martinmorales.net
http://www.valledellimon.es
email: martin@valledellimon.es

EDITORIAL

Copyright Agent
ICHTON ® Legal Department
Calle Castelao,8 Polg. Ind. Guadalhorce
Málaga, Spain

Phone: +34951400147
Fax: +34952056539
E-mail: info@ichton.com

ISBN: 978-84-617-0108-7
Agencia Española del ISBN

"Este libro está dedicado muy especialmente a mi mujer Mabel y a mi hijo Cayetano por todos estos años de camino unidos. Mil gracias por creer en mi con certeza, por estar un día más a mi lado. Os quiero y os querré con toda mi alma, hasta el final de mis días".

Contenido

¿DESEAS VENDER EN INTERNET?

Manual que trata sobre la forma de iniciarse un emprendedor en el mundo empresarial, especialmente en la creación de empresas digitales online y de la venta por internet, así cómo elegir la estrategia empresarial comercial a seguir tras conocer las necesidades empresariales. También se muestran los requerimientos legales que son necesarios conocer de un negocio online, además de mostrar los aspectos tecnológicos necesarios para este tipo de empresas. Introducción al conocimiento de las empresas online, la figura del emprendedor en el mundo empresarial, la estrategia empresarial. También se muestran los requerimientos legales de un negocio on-line: familiarizarse con el proceso de compra y todo lo que conlleva, la protección de datos, normativa relativa a la contabilidad, los impuestos y obligaciones fiscales, planificación de personal y la normativa laboral existente. Además, se describen los requisitos tecnológicos necesarios que debe tener una empresa online, así como la forma de posicionarse para hacer más visible la empresa on-line en Internet.

La estrategia empresarial

Presenta el proceso de planificación de estrategia empresarial, realizando el estudio del entorno de la empresa, que forma parte del análisis externo, y el estudio o análisis interno para completar el estudio o matriz DAFO (debilidades, amenazas, fortalezas y oportunidades) con el fin de extraer estrategias de defensa, de ataque, de resistencia o de reconversión. Contenido: 1. Desarrollo de la estrategia empresarial. 2. Proyección de las estrategias empresariales. 3. Estudio del entorno empresarial. 4. Estudio interno - DAFO.

Requerimientos legales on-line

Trata la importancia de los requisitos legales para iniciar una empresa, como el alta censal, alta en el IAE, pago de IVA e IRPF y la selección de la forma jurídica. También se contempla la claridad y transparencia hacia el cliente en el proceso del contrato de compra, así como la seguridad y facilidad en la modificación o cancelación de los datos de los clientes en cumplimiento de la Ley Orgánica de Protección de datos. Contenido: 1. Introducción. 2. Constitución como persona física. 3. Constitución como persona jurídica. 4. Profundización en los requisitos legales.

Pautas fiscales y Jurídicas de empresas digitales

Describe la importancia del entorno fiscal en una empresa on-line y de sus obligaciones fiscales, así como los impuestos que afectan a las empresas on-line y mixtas: el IRPF, IS, IVA, IAE, sucesiones y donaciones, patrimonio, bienes e inmuebles y transmisiones patrimoniales y actos jurídicos documentados. También se indican las obligaciones contables para conocer cuál es el estado económico-financiero de la empresa. Contenido: 1. Introducción. 2. Tipos de impuestos y modelos de documentos. 3. Obligaciones fiscales del empresario. 4. Estado económico-financiero.

Aspectos técnicos y de informática

Herramientas técnicas como apoyo a la creación, gestión de la empresa digital. Trabajo en red, Yammer, Google docs, Evernote, Posicionamiento y campañas Marketing para ser más visible en Internet. Contenido: 1. Visibilidad en buscadores. 2. El posicionamiento. 3. Tipos de posicionamiento. 4.Redes sociales y web 2.0 blogosfera, Facebook, Twitter, Wordpress, Google Adworks.

PORTADA DEL TRABAJO GRÁFICO Y PRESENTACIÓN

El Manual está basado en el Taller impartido a través del IMFE (Instituto Municipal de Formación y Empleo) y en sus instalaciones a 30 emprendedores/as con interés en montar sus propios negocios en la red, bien como autónomos ó sociedades mercantiles.

En el Taller a los alumno/as se les dio bajo un enfoque práctico, unos contenidos de primer nivel sobre como montar un negocio con éxito en poco tiempo y en pocos clicks, desde 0 hasta conseguir desarrollar sus propios dominios web, tiendas virtuales y demás plataformas de comercio electrónico bajo herramientas de software libre, de fácil acceso, sencillas de implementar y con los mínimos costes posibles en su puesta en funcionamiento.

El taller duró 3 horas y la información que se trató durante aquel día, se conseguirá profundizar más a través de este libro, donde de forma amena se ahonda más en todos los procesos necesarios para montar una empresa donde toda su estructura mercantil y de negocio, se basan meramente en la red internet.

Además de aspectos legales, administrativos, jurídicos y de puesta en marcha, en el Taller se trató sobre apartados de marketing y posicionamiento, registros de dominios con agentes registradores y empresas de servicios de informática, hosting y espacio web para contenidos digitales, herramientas para crear fácilmente webs, tiendas virtuales y plataformas de comercio electrónico, donde también se trató sobre logística y envíos de productos y mercancías a nuestros clientes. Fidelización de clientes, newsletters y herramientas para gestión de nuestras bases de datos de clientes.

INTRODUCCIÓN

TALLER PRÁCTICO SOBRE CREACIÓN DE EMPRESAS DIGITALES: DESARROLLO DE LA ACTIVIDAD COMERCIAL.
"Todas las empresas tienen que conocer qué significa el mundo digital, entender cuáles son sus oportunidades y sus amenazas, y adaptarse a ello".
Este taller que trata sobre la forma de iniciarse un emprendedor/a en el mundo empresarial, especialmente en la creación de empresas digitales, así cómo elegir la estrategia comercial según el ámbito local, regional, a seguir tras conocer las necesidades empresariales. También hablaré sobre los requerimientos legales que son necesarios conocer de un negocio online, además de mostrar los aspectos tecnológicos necesarios para este tipo de empresas.
Familiarizarse con el proceso de compra y todo lo que conlleva, bases del comercio electrónico y formas de cobro y pago en internet, la protección de datos, normativa relativa a la contabilidad, los impuestos y obligaciones fiscales. Requisitos tecnológicos necesarios que debe tener una empresa online, dominios, alojamiento, diseño y web, así como la forma de posicionarse para hacer más visible la empresa on-line en Internet. Y siempre desde la óptica de costes en cada apartado que trataremos.

"Todas las empresas tienen que conocer qué significa el mundo digital, entender cuáles son sus oportunidades y sus amenazas, y adaptarse a ello".Este taller que trata sobre la forma de iniciarse un emprendedor/a en el mundo empresarial, especialmente en la creación de empresas digitales, así cómo elegir la estrategia comercial según el ámbito local, regional, a seguir tras conocer las necesidades empresariales. También hablaré sobre los requerimientos legales que son necesarios conocer de un negocio online, además de mostrar los aspectos tecnológicos necesarios para este tipo de empresas. Familiarizarse con el proceso de compra y todo lo que conlleva, bases del comercio electrónico y formas de cobro y pago en internet, la protección de datos, normativa relativa a la contabilidad, los impuestos y obligaciones fiscales. Requisitos tecnológicos necesarios que debe tener una empresa online, dominios, alojamiento, diseño y web, así como la forma de posicionarse para hacer más visible la empresa on-line en Internet. Y siempre desde la óptica de costes en cada apartado que trataremos.

Un apartado muy importante que el libro si entra en profundidad y que por motivos de tiempo en el taller no pude tocar en condiciones, es aquellos apartado de herramientas "IN THE CLOUD" que nos ayudan enormemente en toda la gestión de nuestra empresa, muchas de ellas soluciones en la nube gratuitas que con sólo un portátil y una cuenta de acceso a internet por banda ancha, o por mera conexión a internet por USB como solución económica y dede cualquier punto en el que nos encontremos podemos utilizar, para nuestras gestiones.

También se contempla de manera importante las ventajas de patentar y registrar dentro de la Ofi. Española de Patentes y Marcas (OEPM) aquellas imágenes, logotipos, distintivos, nombres que den pie a que nuestro dominio en la red no podamos perderlo via judicial. Patentar un distintivo, un nombre o una marca nos garantiza la protección necesaria para poner nuestros productos en los mercados de forma segura y sin plagios, ni usurpaciones, ni requerimientos judiciales sobre empresas competidoras similares a nuestros productos ó servicios.

Pero antes que nada es necesario comprender bien que entendemos por EMPRESA DIGITAL. Hay una definición que a mi en particular me gusta mucho, y es aquella que define a una Empresa Digital como "aquella en la que todo su estrategia de negocio está basada en internet". Existen numerosas definiciones de empresas digitales que os pongo a continuación:

TALLER PRÁCTICO SOBRE CREACIÓN DE EMPRESAS DIGITALES:
DESARROLLO DE LA ACTIVIDAD COMERCIAL.
"Una buena manera de definir que es una empresa digital, es aquella donde su estrategia de negocio esté basada exclusivamente en internet"
ICHTON
MMI
Ayuntamiento de Málaga
imfe

Para la Universidad Tecnológica "América" El concepto de Empresa Digital es el de: la total utilización de los sistemas de información, por parte de una organización, para la realización de sus negocios. Para Laudon, la Empresa Digital sería aquella en donde prácticamente todos los procesos de negocio y las relaciones con clientes, empleados y otras entidades de su entorno, son realizados por medios digitales.

Según Pedro Mielgo Ingeniero Industrial por la Universidad Politécnica de Madrid, Diplomado en Dirección de Empresas por el IESE y en Marketing por la Universidad de Stanford, el concepto de "Empresa Digital", como la empresa ideal para responder a las exigencias del mundo actual.

La empresa digital, es la empresa que incorpora las TICs al desarrollo de su actividad y modelos de negocio y/o tecnologías que facilitan la compra y venta de productos, servicios e información a través de redes públicas, de tal forma que puede referirse a todo lo relativo a la incorporación de los medios electrónicos para la gestión interna de la empresa.

Para la UNIVERSIDAD HUMANITAS podríamos definirlo como la integración de toda la información de la empresa en bases de datos que deben ser puestos a disposición tanto de empleados, como proveedores y clientes para que puedan accesar a ella. Pero para que esta información esté disponible es necesario toda una seria de implementación de procesos tanto en equipos para almacenar la información y cambios radicales dentro de la estructura de las organizaciones, para ello se requiere de una total planeación, cambio de mentalidad de los empleados, reingeniería de procesos, implantar sistemas de Intranet y Extranet, sistemas de pago electrónico, comercio móvil etc.

Para los usuarios que buscan crear su puesta en funcionamiento de sus Empresa Digital, es necesario que conozcan que no necesitan disponer de local comercial, que una pequeña oficina en casa puede ser una buena base para comenzar. Una buena mesa y una silla ergonómica cómoda por las largas horas que estará sentado/a, delante de un buen portátil con acceso a internet por banda ancha, o por dispositivo Usb o por wireless lan, son los único requisitos funcionales para empezar.

El trabajo en casa es una solución muy viable y bien considerada en diversos países Europeos, para España parece que ese concepto queda un poco relegado a algo poco profesional, un comienzo de aficionados y yo diría que rozando el nindundi, pero nada más lejos de la realidad, trabajar desde casa es hoy por hoy un lujo que muchos ya quisieran implantar en sus negocios. Pero claro está negocios que no son digitales, el nuestro si lo será.

Te animo a que comiences a trabajar desde casa, podrás disponer al 100% de todo, absolutamente todo lo necesario para desarrollar tu proyecto empresarial digital.

En el guión del taller se habla de 3 apartados importantes a la hora de definir bien, nuestro proyecto empresarial en internet.

 La estrategia empresarial. En que consiste el proceso de planificación de estrategia empresarial, realizando el estudio del entorno de la empresa, que forma parte del análisis externo, y el estudio oanálisis interno. Para completar el estudio o matriz DAFO(debilidades, amenazas, fortalezas y oportunidades) con el fin de definir líneas maestras a tomar.

 Requerimientos legales on-line. Que requisitos legales son necesarios,sobre la importancia de los requisitos legales para iniciar una empresa, como el alta censal, alta en el IAE, pago de IVA e IRPF y la selección de la forma jurídica. También se contempla la claridad y transparencia hacia el cliente en el proceso del contrato de compra, así como la seguridad y facilidad en la modificación o cancelación de los datos de los clientes en cumplimiento de la Ley Orgánica de Protección de datos. LOPD y LSSI .

 Aspectos técnicos y de informática. Herramientas básicas como son un navegador y un acceso a internet elementa, herramientas técnicas como apoyo a la creación, gestión y mantenimiento de la empresa digital. Dominios, alojamiento, hosting, Trabajo en red, Outlook.com,Yammer, Google docs, trabajo in the cloud, Posicionamiento y campañas de E-Marketing, newsletter para ser más visible en Internet.

TALLER PRÁCTICO SOBRE CREACIÓN DE EMPRESAS DIGITALES: DESARROLLO DE LA ACTIVIDAD COMERCIAL.
•La estrategia empresarial
•Requerimientos legales on-line
•Aspectos técnicos y de informática
ICHTON
MMI
Ayuntamiento de Málaga
imfe

Sin una estrategia empresarial bien estudiada y definida desde 0 y con objetivos claros y alcanzables, es fundamental para sacar una instantánea de donde nos encontramos y hacia donde queremos dirigirnos.

MÓDULO 1: LA ESTRATEGIA EMPRESARIAL
UNIDAD Didáctica 1: EL ANÁLISIS DAFO

Puesta en marcha de análisis DAFO de el proyecto empresarial

En un análisis DAFO es muy importante definir sinceramente aquellos parámetros empresariales, del entorno y personales del emprendedor que validen nuestra condición de emprender un negocio, si hay realmente gana y capacidad de emprender ó es algo temporal y como calentón ante alguna ú otra situación personal que vivamos.
Os recomieno encarecidamente realizar tosdos los pasos que os voy a ir proponiendo, para diagnosticar nuestra madera de emprendedor/a, potencialidades, amenazas, debilidades y fortalezas que tenemos serán evaluadas para conocer de primera mano hasta que punto podemos fracasar ó crear un negocio rentable y que cree riqueza y puestos de trabajo.

El negocio es la idea, es la actividad que queremos desarrollar, es lo que queremos hacer. Es de vital importancia tener muy claro desde el principio que la actividad a realizar, sea crear, aportar, dar, vender, etc, ha de ser siempre para los demás, para satisfacer necesidades de otras personas, nunca es hacer algo para nosotros mismos. Lo más importante de la actividad profesional o de las empresas está fuera de ellas, esta fuera del profesional, son los clientes.

Para describir el propio negocio conviene dar repuesta a las cuestiones que se plantean en el siguiente cuadro:

CUESTIÓN	RESPUESTA	OBSERVACIONES
1. Qué quiero hacer para los demás.		
2. Qué necesidades de los demás quiero satisfacer.		
3. A qué clientes quiero dirigirme.		
4. Qué productos o servicios voy a ofertar.		
5. Cómo se las arreglan ahora sin mi oferta.		
6. Qué tiene mi producto de especial, nuevo u oportuno.		
7. Qué otra cosa es importante para mí.		

Si las respuestas a estas cuestiones son claras y convencen, se está en condiciones de avanzar. Si existen dudas también se debe avanzar, ya que según se progresa las cosas se van viendo con mayor precisión, se van matizando y perfeccionando.

Las siguientes preguntas que podemos respondernos son:

MI PRODUCTO O SERVICIO ES:

MI MERCADO ES:

MI COMPETENCIA ES:

El Análisis del Entorno incluye estudiar y conocer el mapa de cuanto sucede en el exterior, los accidentes del terreno en el que se va a desarrollar el negocio. Se han de ver en ese territorio las dificultades que pueden existir, los caminos que se pueden encontrar y las oportunidades que es viable aprovechar para avanzar hacia el éxito.

Sin un buen plano es imposible orientarse en una ciudad desconocida, por ello se va a trabajar en la construcción del mapa del entorno.

El mapa, si el propio entorno es complejo y cambiante y nuestra actividad puede producir cambios significativos, ha de ser muy detallado. Si el entorno es más estable y nuestra actividad va a incidir poco en el entorno, el mapa puede ser mucho más sencillo, pero en todo caso, siempre ha de tener dos grandes apartados: El entorno general y el del mercado concreto del emprendedor:

Del entorno general se deberá saber:
• Datos sociales y culturales: El idioma, las costumbres, la educación, las formas de pensar de la población que vive en el territorio. Es distinto estar en España que en Alemania, y es diferente Galicia de Murcia. Debemos pensar cómo es la gente para acercarnos a ella de la forma adecuada.

Del Mercado hay que conocer:
• Datos generales del mercado y del sector en que se piensa entrar: En este punto se indagará sobre:
• Tamaño del mercado, si es grande o pequeño, si es estable, crece o esta estancado.
• Segmentos, es decir, los bloques en que se pueden agrupar los clientes. Por ejemplo, empresas o particulares, jóvenes o mayores, etc.
• Competencia: En este punto hay que saber qué empresas o profesionales están ya trabajando en el sector al que queremos llegar, si son muchos o pocos, si tienen o no un buen producto, si son apreciados o no lo son, cuál es la especialidad de cada uno, lo que hacen bien o hacen mal, si ganan o pierden, si crecen o retroceden. Saber además si es fácil que entren nuevos competidores o es complicado penetrar porque hay barreras.
• Proveedores: Quién podrá suministrar en ese mercado los productos y servicios que se van a necesitar para desarrollar las actividades. Y saber si son fuertes o débiles, si se les puede exigir mucho o se dependerá necesariamente de ellos. Saber si es posible comprar a otros o estoy ante un monopolio. Esta información es importante para centrar la actuación futura.

En resumen, al final del estudio el emprendedor tendrá la información resumida en cuatro cuadros de apoyo:

LOS DATOS MÁS IMPORTANTES DE MI MERCADOS SON:

LOS SECTORES DE MI MERCADO SON:

YO PIENSO ACTUAR EN EL SECTOR DE:

LA COMPETENCIA DE MI MERCADO ESTÁ INTEGRADA EN ESTAS EMPRESAS:

CADA UNA DE ESTAS EMPRESAS (PROFESIONALES) SE CARACTERIZA POR:

LOS PROVEEDORES DE MI MERCADO ESTÁ INTEGRADA EN ESTAS EMPRESAS:

DE TODOS ELLOS LO MÁS IMPORTANTE ES:

Lo más importante de cualquier proyecto que quiera emprender una persona es ella misma, la propia persona, sus capacidades, sus puntos fuertes y sus debilidades.

Es absoluta realidad que en las personas siempre hay virtudes y defectos, aspectos positivos y negativos y que, aunque todos procuremos mejorar, hay que convivir con nosotros mismos, compensando con lo bueno lo menos bueno. Pero, para hacer un buen trabajo que va a exigir una enorme dedicación, es preciso conocer los puntos de partida, cómo somos, qué tenemos, y tomar decisiones sobre el camino por el que cada uno puede avanzar con éxito.

En el proceso de emprender, la persona emprendedora es la clave, por eso ella misma ha de saber en qué puede apoyarse para hacer realidad el reto de autoemplearse o crear una empresa, y tiene que analizar sus capacidades.

Hay que recalcar que no es necesario tener todas las capacidades y que tampoco es preciso tenerlas en grado sumo; lo importante es saber cuáles se tienen y cómo están de desarrolladas, para que una vez las conozcamos, en relación con nuestro objetivo de emprender, sepamos con lo que contamos, lo que tenemos que complementar y cuáles son las limitaciones con las que hemos de convivir.

Cualidades	Niveles (1 bajo, 5 alto)					Observaciones	Posibilidad de compensación con otra cualidad
	1	2	3	4	5		
1. Cualidades generales							
• Energía							
• Entusiasmo							
• Constancia							
• Inteligencia							
• Dotes de mando							
2. Capacidades técnicas							
• Habilidad comercial							
• Conocimiento del sector							
• Conocimiento de los equipos							
3. Capacidad de gestión							
• Capacidad de autodirección							
• Conocimientos de gestión							
• Habilidades para el mando							
4. Capacidad financiera							
• Recursos disponibles							
• Capacidad para obtener financiación							
5. Reputación personal							
• Relaciones personales							
• Imagen personal							
6. Otras capacidades							
•							

Con ello pasamos a definir uno de los análisis más detallistas e importantes que podamos realizar.
La técnica de análisis DAFO (debilidades, amenazas, fortalezas y oportunidades) es un eficaz instrumento que permite diagnosticar la situación, el punto de partida del emprendedor en su

entorno interno y en relación con el marco externo en que va a actuar para estar en condiciones de establecer sus objetivos y las estrategias para alcanzarlos.

TALLER PRÁCTICO SOBRE CREACIÓN DE EMPRESAS DIGITALES: DESARROLLO DE LA ACTIVIDAD COMERCIAL.
La estrategia empresarial
Partimos de la premisa de un estudio realista de la visión INTERNA y EXTERNA de nuestro proyecto digital.
Diagnóstico de situación actual
Análisis INTERNO
Análisis EXTERNO
DEBILIDAD
Aspecto negativo de una situación interna y actual
AMENAZA
Aspecto negativo del entorno exterior y su proyección futura
FORTALEZA
Aspecto positivo de una situación interna y actual
OPORTUNIDAD
Aspecto positivo del entorno exterior y su proyección futura

El DAFO permite reconocer los puntos fuertes y los puntos débiles que tiene el emprendedor, las amenazas que le pueden afectar y las oportunidades que se abren en su camino hacia el éxito.

Por ello, se analizan las Debilidades y Fortalezas del emprendedor y las Amenazas y Oportunidades que este tiene como consecuencia de las características y situación del entono.

El desarrollo del DAFO implica trabajar en los sucesivos apartados:

DEBILIDADES: Se trata de detectar las características o circunstancias que existen en el proyecto o enel emprendedor mismo que pueden ser obstáculos en el camino. Por ejemplo:
• Desconocemos el sector.
• Tenemos pocos recursos.
• Nuestra formación en el área comercial es baja.

Para determinar las debilidades se han de estudiar las notas que el emprendedor ha ido elaborando en su lectura de las páginas anteriores, tanto sobre el proyecto como sobre él mismo (análisis del emprendedor o de la empresa) y a partir de ese estudio redactar el cuadro de debilidades:

MIS DEBILIDADES SON:

FORTALEZAS: Se trata de detectar las características o circunstancias que existen en el proyecto o en la persona, que pueden favorecer o facilitar la acción futura. Por ejemplo:

- Conocemos profundamente el sector.
- Tenemos una tecnología muy avanzada.
- Nuestra red de contactos es muy amplia.

Para determinar las fortalezas también hay que estudiar lo escrito anteriormente sobre el proyecto y sobre la propia persona (análisis del emprendedor o de la empresa) y redactar el cuadro de fortalezas:

MIS FORTALEZAS SON:

AMENAZAS: Se trata de detectar las situaciones o circunstancias que existen en el entorno general o en el propio mercado que pueden afectar negativamente como consecuencia de las propias debilidades. Por ejemplo:

- Pueden aparecer productos sustitutivos que nosotros no tenemos a nuestro alcance.
- El mercado esta cayendo y nosotros no tenemos capacidad de reducir precios o carecemos de mercados alternativos.
- La competencia puede abrir nuevos establecimientos lujosos y el que tenemos previsto nosotros es de lo más normal.

Para determinar las amenazas, como en los casos anteriores, se ha de reflexionar sobre el entorno en general y el mercado concreto y mirarlo a la luz de las propias debilidades, que es por donde se pueden recibir los ataques. Por este camino se redacta el cuadro de amenazas:

MIS AMENAZAS SON:

OPORTUNIDADES:Se trata de detectar las situaciones o circunstancias que existen en general y en el propio mercado y que es posible aprovechar en función de las fortalezas. Por ejemplo:

- Los productos que hay en el mercado están anticuados y nosotros podemos aprovechar nuestra tecnología para presentar productos nuevos.
- Los precios de los productos en el mercado son muy altos y nosotros, por tener muy bajos costes, podemos ir con precios más baratos.
- Los establecimientos de la competencia están anticuados y nosotros, como vamos a abrir uno nuevo, lo podemos hacer más moderno.

Para determinar las oportunidades se sigue el mismo procedimiento; mirar el entorno en general y el mercado a la luz de las propias fortalezas, que es donde están las vías para avanzar con éxito en el proyecto. Por este camino se redacta el cuadro de oportunidades:

MIS OPORTUNIDADES SON:

Teniendo ya el DAFO podemos crear la siguiente disposición en bloques:

DEBILIDADES	FORTALEZAS
AMENAZAS	**OPORTUNIDADES**

Este cuadro resumen del DAFO puede orientar la elección de las estrategias del proyecto del emprendedor. En una primera aproximación, un resumen de las posibles estrategias que se pueden adoptar según los casos sería:

- Estrategia defensiva: Nos pueden atacar en nuestras debilidades, nos tenemos que preparar para la defensa.
- Estrategia adaptativa: Hay oportunidades, pero tenemos que prepararnos, tenemos que adaptarnos.
- Estrategia reactiva: Hay amenazas pero tenemos fuerzas para afrontarlas, reaccionaremos cuando se presenten.
- Estrategia ofensiva: Tenemos ventajas, podemos competir bien y crecer, actuaremos al ataque. Finalizado el análisis DAFO, conociendo ya nuestra propia situación y la del entorno, se puede

comenzar a construir el futuro del negocio: Estrategias, objetivos, planes y calendario para el lanzamiento del proyecto.

Las estrategias son las líneas generales de acción previstas por el emprendedor, o la empresa en su caso,que fijan las líneas maestras del cómo actuar para conseguir las metas deseadas.
Algunos ejemplos pueden ilustrar el concepto de estrategia:

• Como profesional de la ebanistería me especializaré en la restauración de muebles antiguos.
• Como profesional de la electricidad trabajaré en la atención rápida de averías y no hacer obras parnuevos edificios. • Como agencia de viajes me especializaré en viajes de novios.

Otros ejemplos, en temas distintos a la orientación comercial, podrían ser:

• Para crecer siempre usaré autofinanciación y nunca créditos bancarios.
• Nuestra estrategia es estar próximos a los clientes finales, por eso nuestro crecimiento se hará mediante la apertura de establecimientos de venta y no haciendo mayores centros de fabricación propios.
• Nuestra estrategia es avanzar a través del liderazgo local, por ello concentráremos nuestros esfuerzos en zonas geográficas determinadas y sólo iremos a otras cuando hayamos consolidado nuestro liderazgo en las anteriores.

Evidentemente, con el paso del tiempo, si el emprendedor es constante en el respeto a las líneas estratégicas, los clientes actuales y potenciales tendrán una imagen muy clara del profesional o de la empresa y se verán atraídos por esa imagen o posicionamiento cuando deseen satisfacer sus necesidades. Ahora, es el momento para que el emprendedor marque algunas de sus principales estrategias, especialmente en el ámbito de su actividad comercial y atención al cliente:

MIS LINEAS ESTRATÉGICAS SON:

El Plan de Actuación es el detalle de la táctica que conducirá al emprendedor a su propósito de autoemplearse o crear su propia empresa.
Debe tener una proyección mínima de tres años y rara vez superar los cinco. El plan de actuación esta integrado por cinco planes operativos que deben estar coordinados entre sí y cuyos principales contenidos se formulan a continuación. Son:

PLAN DE MARKETING
• Descripción del mercado donde vamos a vender.
• Descripción del producto o servicio que vamos a ofrecer.
• Política de precios; los precios que vamos a ofrecer a nuestros clientes.
• Política de comunicación; cómo vamos a estar en contacto con los clientes actuales y potenciales.
• Plan de ventas, qué, cuándo, cuánto, dónde, a qué precios, etc. En resumen, todo lo relacionado con las ventas de nuestro negocio.
• Presupuesto y acciones de marketing.

PLAN DE OPERACIONES
• Compras
• Procesos de producción; cómo producir, tanto si son bienes materiales como si son servicios.
• Distribución; el cómo van a llegar los productos o servicios al cliente.
• Equipos y tecnología necesarios para el proceso.
• Capacidad de producción que se requerirá.
• Estrategia para el crecimiento de la producción cuando sea necesario.

PLAN DE RECURSOS HUMANOS
• Equipo directivo y socios si los hubiera.
• Organización. • Plantilla necesaria.
• Puestos de trabajo que se requieren y qué va a hacer cada uno.
• Sistemas de retribución que se van a utilizar.
• Contratos de trabajo que se harán al personal.

PLAN JURÍDICO - FISCAL
• Forma jurídica que se va a usar en el proyecto, sea esta la de persona física o jurídica.
• Régimen fiscal al que estará sometido el negocio.
• Seguridad social, el régimen general o especial que elegiremos.
• Contratos que se han de hacer para asegurar la actividad, desde alquileres hasta franquicias o seguros.

MÓDULO 2: REQUERIMIENTO LEGALES
UNIDAD Didáctica 2: EL ALTA CON LA ADMINISTRACIÓN

Puesta en marcha del proyecto empresarial

El emprendedor ha de dar una serie de pasos que, tanto en el caso de que el proyecto sea de autoempleo en calidad de profesional autónomo, como para crear una nueva empresa, se presentan a continuación. Ambas formas son bastante interesantes el de Autónomo Profesional ó el de Sociedad Limitada Unipersonal, aunque existen otras más formas jurídicas de crear una empresa.

Vamos a saber que necesitamos ya que nuestra empresa será digital pero nuestra constitución básica será de la de empresario individual con el RETA como alta de autónomos.

Lo PRIMERO conditio si ne qua non es disponer YA del Certificado Digital para poder operar desde un ordenador de casa. Para ello y de forma gratuita tenemos que dar los siguientes pasos sin movernos de casa, hay uno que sin no hay más remedio que llegarse a la oficina de la AEAT más cercana de tu municipio, para retirar el código que posteriormente activaremos en el pc ó portátil de casa desde donde vayamos a trabajar diariamente.

TALLER PRÁCTICO SOBRE CREACIÓN DE EMPRESAS DIGITALES: DESARROLLO DE LA ACTIVIDAD COMERCIAL.
Requerimientos legales on-line
Que requisitos legales son necesarios,sobre la importancia de los requisitos legales para iniciar una empresa, como el alta censal, alta en el IAE, pago de IVA e IRPF y la selección de la forma jurídica. También se contempla la claridad y transparencia hacia el cliente en el proceso del contrato de compra, así como la seguridad y facilidad en la modificación o cancelación de los datos de los clientes en cumplimiento de la Ley Orgánica de Protección de datos. LOPD y LSSI.
ICHTON
MMI
Ayuntamiento de Málaga
imfe

Podemos acceder a diversas direcciones Web para comenzar los trámites.
Comienza un camino pedregoso y lleno de problemas e inconvenientes entre requisitos, navegadores web, runtimes, códec, java, cookies, versiones Explorer, Firefox, Opera, Chorme, Safari etc…

La necesidad de seguridad es vital dede el momento que tengamos activado el Certificado Digital en nuestro ordenador, por lo que recomiendo instalar un Navegador Seguro sólo para nuestras transaciones seguras y con la administración, y no usarlo para el día a día de navegación.
Esta recomendación es importante tener en cuenta si quieres evitar perdidas de tiempo, errores y problemas con la administración.

Recomendaciones y versiones según requerimientos:

Navegadores de internet y lugares oficiales de descargas:

1.- MOZILLA FIREFOX : Por la sencillez, estabilidad y el gran número de posibilidades que ofrece, Mozilla Firefox es el segundo navegador más usado por detrás de Internet Explorer.

http://www.mozilla-europe.org/es/products/firefox

2.- GOOGLE CHROME: Google Chrome es un navegador web desarrollado por Google y compilado con base en componentes de código abierto.

http://www.google.com/chrome

3.- OPERA : El Opera Browser es uno de los mejores navegadores que existe en la actualidad.

http://www.opera.com/

4.- AVANT BROWSER: Avant Browser es un navegador de internet que usa el motor de búsqueda de Windows Internet Explorer.

http://www.avantbrowser.com/

5.- IE, INTERNET EXPLORER: Es el navegador de Internet más utilizado de la actualidad.

http://www.microsoft.com/spain/windows/internet-explorer/

6.- NETSCAPE NAVIGATOR: Netscape Navigator compitió cabeza a cabeza con Internet Explorer.

http://browser.netscape.com/

7.- FINEBROWSER: Este multinavegador permite la visualización de páginas web de forma múltiple en una sola ventana.

http://finebrowser.com/

8.- SAFARI: Este navegador de Apple, denominado Safari crece cada día más en el mercado.

http://www.apple.com/es/safari/download

9.- CRAZY BROWSER: Crazy Browser es un novedoso navegador web.

http://www.crazybrowser.com/

10.- GREEN BROWSER: GreenBrowser es un práctico navegador basado en Internet Explorer.

http://www.morequick.com/indexen.htm

Sobre los navegadores web:

Cuando te encuentras en el mar nada mejor que un bote para desplazarte como pez en el agua, cuando te encuentras en carretera y preferiblemente en una autopista de gran velocidad nada mejor que un auto de carreras para desplegar todo su poder, pero si te encuentras en internet necesitarás un navegador para que puedas desplazarte por las páginas, navegar como pez en el agua, y desplegar toda su utilidad y poder.

Internet sería un ideal o algo utópico si no existieran los navegadores internet, que te permitieran en forma amigable y fácil, ágil y entretenida, moverte por sus facilidades e ingresar a las diferentes aplicaciones. Porque internet es un medio de conexión entre las personas, equipos, webs, empresas, tiendas virtuales, redes sociales, foros, blogs, y todo lo que te imagines que puedas necesitar, de información, productos y servicios.

De la misma forma como en el mar puedes viajar en un bote de vela, en un yate o en un crucero con todos los lujos, en internet puedes movilizarte en navegadores lentos o más rápidos, amigables o más complejos, de lujo o en clase económica, y a veces en el transporte o navegador que te toca, porque no sabes ni cual ni por qué lo estás utilizando.

Eso mismo ocurre con el navegador de internet más utilizado nos guste o no hasta la fecha que es Internet Explorer o IE, el cual viene por lo general incluido en los equipos nuevos que adquieres, y lo utilizas para tener acceso a internet y navegar por las diferentes webs y buscadores, sin saber ni cómo ni por qué lo hiciste. La razón es que las marcas de computadores llegan a acuerdos comerciales con proveedores de software como Microsoft e Internet Explorer, para que las personas a penas compren el equipo puedan utilizar sus funciones básicas y algunas más avanzadas como ingresar a Internet.

Desde este punto de vista, debemos agradecerles a los proveedores de tecnología porque nos brindan las facilidades de utilizar Internet y sus facilidades, que es lo más importante, sin importar si el navegador se llama Internet Explorer o Mozilla o Google Chrome u Opera o Avant o Safari o cualquier otro.

Pero si se mira con ojos de eficiencia, de productividad o de rendimiento, con seguridad habrás notado que va ganando fuerza y preferencia entre los usuarios navegadores como Google Chrome o Safari. El primero porque su origen se encuentra en el más importante buscador de Internet como lo es Google, y el segundo Safari porque es el navegador utilizado por Apple y otras marcas en sus diferentes productos móviles, ipod, ipad, tabletas y cualquier medio pequeño que conozcas, que están supliendo a los computadores por su facilidad para cargarlos a donde vayas y te encuentres.

Para el usuario desprevenido, no importará si ingresó a Internet por Internet Explorer o por Google Chrome o por Safari, pero para aquel que utiliza con regularidad bajar música o ver videos, que todos el día se encuentra conectado e interactuando con otras personas, que tiene un negocio, que crea una página web y la mantiene actualizando, es decir que le gusta la multimedia y la utiliza mucho. Para ellos, podrá hacer la diferencia utilizar uno u otro navegador de internet.

Sin embargo, te invitamos a que explores otros navegadores como Mozilla Firefox que te permite opciones y facilidades como copiar y guardar la imagen de la página web que estás viendo o parte de ella, lo cual puede ser útil para determinados propósitos y proyectos. Podrías ensayar el navegador Opera que a demás de mencionarse como una solución muy buena, te permite tomar notas directamente en el navegador. Qué tal si pruebas con el navegador Finebrowser en donde puedes interactuar con varias páginas en forma simultánea, o el navegador Crazy Browser o Kalgan o Green Browser o Sea Monkey o Maxthon o Flock o Lively Browser o Chromiun. Verás que cada uno tiene sus propias funcionalidades y atractivos.

Los navegadores de internet son como las tablas de surf que gracias a ella puedes moverte con facilidad dentro de las olas, tomar cursos de acción, mantenerte por encima, y lograr velocidades inimaginables. En este caso, se reemplazan las olas por las webs, el mar por el contenido lleno de conocimiento, las tablas por los navegadores, y tú por encima de todo aprovechando las facilidades que se te presentan.

Los atributos de un navegador de internet deben ser, la facilidad, agilidad, utilidad, comodidad, escalabilidad, servicio y economía. La facilidad para que no te des ni cuenta que te encuentras encima de la tabla de surf o utilizando un navegador, por lo natural que resulta. La agilidad para que la información que necesitas aparezca en la pantalla a la velocidad de la luz, porque no existe nada más molesto que la espera entre contenido y contenido. La utilidad para que el navegador te permita realizar todo lo que deseas en los medios virtuales, con la nitidez de un televisor con tecnología HD. La comodidad de acceso al navegador con un par de clics y la escalabilidad para que puedas mejorar la tecnología dependiendo de tus necesidades.

Sobre el Certificado Digital

Para qué sirve el certificado digital y cómo puedo conseguirlo

El certificado digital es un conjunto de datos que se incorpora a tu navegador y a partir del cual es posible identificarse en Internet y realizar gestiones de todo tipo desde casa. El certificado también protege los datos que facilitas cada vez que realizas algún trámite on-line, preservando el secreto de tus comunicaciones. Está disponible tanto para personas físicas como para empresas o asociaciones.

Puedes obtener tu certificado digital en la página web de la Fábrica Nacional de Moneda y Timbre en tres sencillos pasos. Es necesario completar el proceso utilizando el mismo ordenador y navegador (Mozilla Firefox o Internet Explorer):

- **Paso 1. Solicitar el certificado.** Tras completar la solicitud indicando tu NIF recibirás un código que debe guardarse.

- **Paso 2. Acreditar tu identidad en una Oficina de Registro.** Con el código obtenido tras el proceso de solicitud y una forma de identificación adecuada (NIF, NIE o "Certificado de Registro de Ciudadanos de la Unión y su Pasaporte" en el caso de ciudadanos comunitarios sin tarjeta de residencia) debes personarte en una de las Oficinas de Registro aprobadas (ver mapa). No olvides que es necesario presentar documentación específica en el caso de empresas y de asociaciones.

- **Paso 3. Descargar tu certificado de usuario.** Disponible en línea tras acreditarse en la Oficina de Registro elegida. Necesitarás de nuevo el código obtenido en el primer paso.

Es recomendable hacer una copia en un soporte extraíble (CD, memoria USB, DVD de datos) de la clave privada que obtendrás tras descargar tu certificado. Este archivo quedará protegido por una contraseña.

Recuerda que el certificado digital y el DNI electrónico son diferentes. Sin embargo con tu DNI electrónico y un lector de tarjetas puedes obtener el certificado sin necesidad de acudir a una Oficina de Registro.

Tu certificado digital te habilita para realizar trámites desde casa. En el siguiente listado encontrarás las entidades que lo admiten.

Administración Central

Agencia Estatal de Administración Tributaria

http://www.aeat.es

Autoridad Portuaria de Barcelona

http://www.apb.es

Banco de España

http://www.bde.es/

Boletín Oficial del Estado

http://www.boe.es

Centro para el Desarrollo Tecnológico Industrial

http://www.cdti.es

Comisionado para el Mercado de Tabacos

http://www.cmtabacos.es

Comisión Nacional de Energía

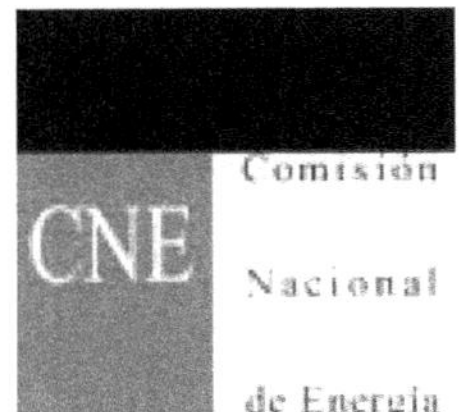

http://www.cne.es

Comisión Nacional del Mercado de Valores

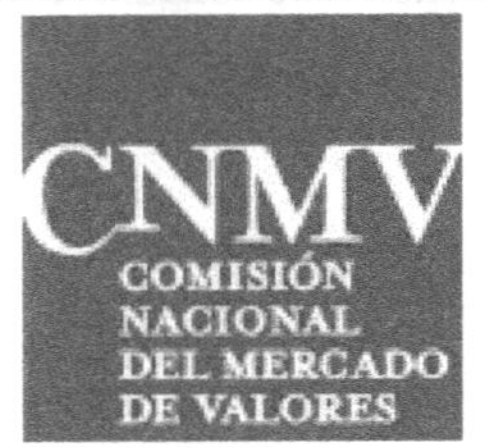

http://www.cnmv.es

Comisión para el Mercado de las Telecomunicaciones

http://www.cmt.es

Consejo de Seguridad Nuclear

http://www.csn.es

Dirección General de Transportes por Carretera

http://www.fomento.es

Dirección General de la Guardia Civil

http://www.guardiacivil.org/index.jsp

Dirección General del Catastro

http://www1.sedecatastro.gob.es/

Servicios.

Fondo Español de Garantía Agraria

http://www.fega.es

Instituto Español de Comercio Exterior

http://www.icex.es

Instituto Nacional de Estadística

http://www.ine.es

Instituto de Contabilidad y Auditoría de Cuentas

http://www.icac.meh.es/

Instituto de Crédito Oficial

http://www.ico.es

Loterías y Apuestas del Estado

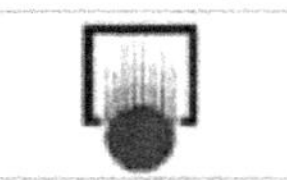
http://www.loteriasyapuestas.es/

Ministerio de Agricultura, Alimentación y Medio ambiente

https://sede.marm.gob.es

Ministerio de Asuntos Exteriores y Cooperación

https://sede.maec.gob.es

Ministerio de Defensa

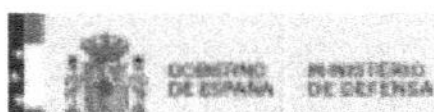
http://sede.defensa.gob.es

Ministerio de Economía y Competitividad

http://www.mineco.gob.es

Ministerio de Educación, Cultura y Deporte

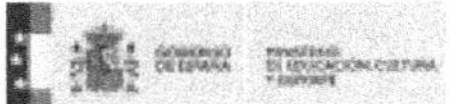
https://sede.educacion.gob.es

Ministerio de Empleo y Seguridad Social

http://www.meyss.es/es/sede_electronica_menu/index.htm

Ministerio de Fomento

https://sede.fomento.gob.es/

Ministerio de Hacienda y Administración Pública

https://sedemeh.gob.es

Ministerio de Industria, Energía y Turismo

https://sede.mityc.gob.es

Ministerio de Justicia

https://sede.mjusticia.gob.es

Ministerio de Sanidad, Servicios Sociales e Igualdad

http://sede.msps.gob.es

Ministerio de la Presidencia

http://sedempr.gob.es

Ministerio del Interior

https://sede.mir.gob.es

Oficina Española de Patentes y Marcas

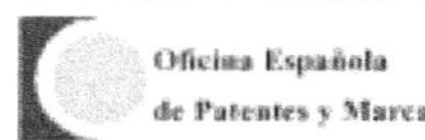

http://www.oepm.es/

Red.es

http://www.red.es

Renfe

http://www.renfe.es/

Seguridad Social

http://www.seg-social.es

Tesoro Público

http://www.tesoro.es/sp/Servicio.asp

OTROS ORGANISMOS Y ENTIDADES

Conferencia de Rectores de las Universidades Españolas

http://www.crue.org/

Congreso de los Diputados

http://www.congreso.es/

Consejo General de Colegios Oficiales de Peritos e Ingenieros Técnicos Industriales

http://www.cogiti.es/

Consejo General de Procuradores

http://www.cgpe.net

Consejo General del Poder Judicial

http://www.poderjudicial.es

Correos y Telégrafos S.A.

http://www.correos.es

Cámara de Cuentas de Andalucía

http://www.ccuentas.es/

Defensor del Pueblo

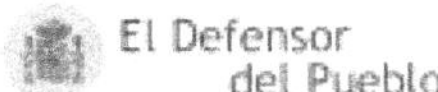

http://www.defensordelpueblo.es

Endesa

http://www.endesa.es

FENIE

http://www.fenie.es

Fundación Tripartita para la Formación en el Empleo

http://www.fundaciontripartita.org/

Grupo Ferrovial

http://www.ferrovial.es/

Grupo Santander (Santander Investment Services)

http://www.gruposantander.com

Iberdrola

http://www.iberdrola.es

Ilustre Colegio de Abogados de Madrid

http://www.icam.es/certificadodigital/presentacion.jsp

Ilustre Colegio de Ingenieros Aeronáuticos

http://www.coiae.com/

Ilustre Colegio de Ingenieros Industriales de Canarias

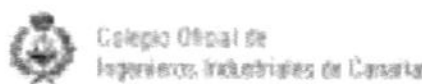
http://www.coiic.es/

Ilustre Colegio de Ingenieros Industriales de Madrid

http://www.coiim.es/

Ilustre Colegio de Ingenieros de Telecomunicación

http://www.coit.es/

Ilustre Colegio de Registradores de la Propiedad y Mercantiles de España

http://www.registradores.org

Ilustre Consejo General de Colegios Oficiales de Odontólogos y Estomatólogos de España

Indra Sistemas

http://www.indra.es

Mapfre

https://www.mapfre.com/oim/ValidarIdentificacionAction.do

Mercadona

https://www.mercadona.es

Paradores Nacionales de Turismo

http://www.parador.es

Parlamento de Andalucía

http://www.parlamentodeandalucia.es

SegurosBroker

http://www.segurosbroker.com/varios/pseguridad.asp

Sociedad Digital de Autores

http://www.portalatino.com/

Terra Networks Spain

http://www.terra.es

Unicaja

http://www.unicaja.es

Universidad Carlos III

http://www.uc3m.es/

Universidad Nacional de Educación a Distancia

http://www.uned.es

Universidad Pablo de Olavide

http://www.upo.es/

Universidad Politécnica de Madrid

http://www.upm.es/

Universidad de Almería

http://www.ual.es/

Universidad de Cádiz

http://www.uca.es/

Universidad de Córdoba

http://www.uco.es/

Universidad de Granada

http://www.ugr.es/

Universidad de Huelva

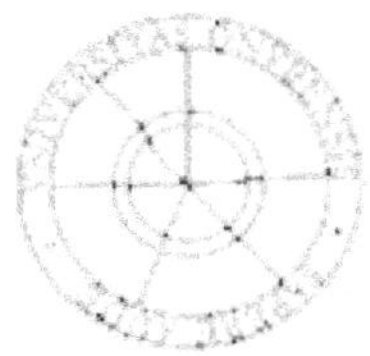

http://www.uhu.es/

Universidad de Jaén

http://www.ujaen.es/

Universidad de Murcia

http://www.um.es/

Universidad de Málaga

http://www.uma.es/

Universidad de Sevilla

http://www.us.es/

Universidad de Zaragoza

UNIVERSIDAD DE ZARAGOZA http://www.unizar.es/

eBay

http://www.eBay.es

Así como en la inmensa mayoria de Ayuntamientos y Administraciones Autonómicas de todo el Estado Español.

INFORMACIÓN GENERAL sobre certificados Electrónicos

El uso, con plenas garantías jurídicas, de los certificados electrónicos FNMT por parte de las Empresas se inicia mediante la firma de un contrato entre la Empresa y la FNMT-RCM. Queda así establecida la necesaria relación contractual entre ambas entidades para que el uso del certificado electrónico sea avalado por el marco jurídico aplicable.

Dependiendo de las necesidades de la Empresa, ésta puede optar por contratar un conjunto de servicios esenciales de certificación, que por sí mismos garantizan el uso y verificación de los certificados electrónicos, o por contratar de forma independiente alguno de los servicios avanzados relacionados en la sección Catálogo.

A continuación se expone la relación de servicios esenciales de certificación:

1. Emisión, renovación y revocación de certificados de usuario de la FNMT-RCM. (Certificados electrónicos reconocidos FNMT Clase 2CA) Número ilimitado de usuarios.

2. Registro de usuarios:

- Registro a través de las oficinas habilitadas por Organismos de la Administración.
- Registro a través de personal de la FNMT-RCM a petición de la empresa solicitante de los servicios de certificación, en los centros u oficinas que se determinarán a tal fin. Esta opción

no está contemplada en el paquete de servicios esenciales, por lo que conllevaría un coste adicional.

3. Revocación on-line (página web).

4. Servicio de call center (**902181696**). Existe un servicio de atención telefónica al usuario, en las cuatro lenguas oficiales del Estado.

5. Servicio de verificación de la validez de los certificados electrónicos, mediante protocolo OCSP.

6. Verificación del estado del certificado propio en el web

7. Registro de eventos significativos relacionados con su propia actividad y la de los usuarios del sistema.

8. Publicación de políticas y normas técnicas, así como información administrativa relacionada con los servicios ofrecidos.

9. Dos certificados de servidor y uno de firma de código.

Obtención del Certificado Digital por entidades Certificadoras

Certificado digital

En España, las distintas Administraciones Públicas están apostando debidamente por internet como vía de comunicación, creando páginas webs con un contenido de interés público que están puestas a disposición de la ciudadanía.

¿Dónde puedo conseguir el Certificado Digital?

La Fabrica Nacional de Moneda y Timbre, a través de su departamento CERES (Certificación Española) ofrece el certificado electrónico reconocido por la amplia mayoría de las Administraciones Públicas: El **certificado FNMT Clase 2CA**.

Para obtener el certificado, si se trata de persona física (no persona jurídica) es imprescindible contar con un ordenador que tenga acceso a internet, acceder a la página web www.ceres.fnmt.es y seguir los pasos que se indican a continuación.
"Para que la instalación del certificado funcione correctamente, hay que hacerlo desde el mismo ordenador y con el mismo usuario (si es windows multiusuario) que se realizó el paso 1º".

PASOS A TENER EN CUENTA

- CERTIFICADO DE PERSONA JURÍDICA
- Solicitud del Certificado
- Acreditación de la identidad
- Descarga del certificado
- Copia de la clave privada

* **Solicitud del certificado**.

Desde la propia página web **www.ceres.fnmt.es**, hay un apartado que se denomina "*Obtenga el certificado de usuario*", apareciendo en el margen izquierdo otro apartado "*Solicitud del certificado*", donde se debe insertar el número de DNI. Al enviar la petición aparecerá un aviso informándole de la solicitud del certificado, debiendo seleccionar la opción SI.

Posteriormente aparecerá en la pantalla el **Código de Solicitud** asociado al certificado, que se debe imprimir o apuntar para dirigirse a cualquier Administración Tributaria.

* **Personarse en la Administración Tributaria**

Se debe personarse en cualquier Administración Tributaria, con el Código de Solicitud y el documento identificativo (DNI, Pasaporte...)

*** Descarga del Certificado**

Para descargar el certificado se debe acceder desde la propia web de la Administración, el cual, estará a disposición al día siguiente de haberse personado en la Administración Tributaria.

Su navegador es Mozilla Firefox.

IMPORTANTE

La obtención del certificado de usuario solo podrá ser realizada desde el mismo Equipo y navegador desde el que se realizó la solicitud.

PASOS A SEGUIR

Nota: Las imágenes presentadas podrán variar en función de la versión de su navegador.

1. Comienzo del proceso

En la página web encontrará la siguiente ventana:

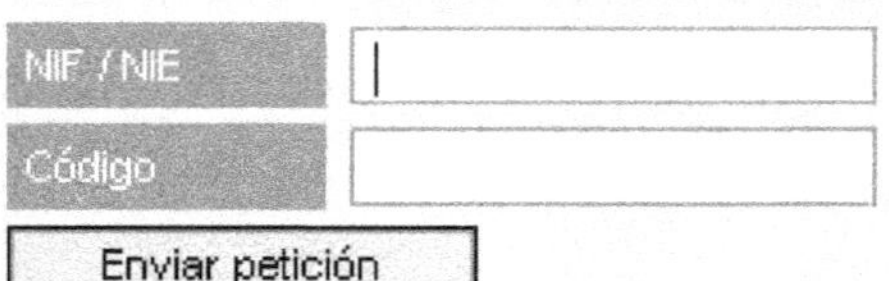

Introduzca en la siguiente casilla NIF o NIE del titular del certificado, aún en el caso de que Ud. sea el representante del titular. El NIF o NIE deberá tener una longitud de 9 caracteres. Rellene con ceros a la izquierda si es necesario. Para descargar un certificado de Persona Jurídica introduzca el CIF.

Deberá cumplimentar los datos que se le presenten y pinchar el botón "Enviar petición".

En el caso de que la cumplimentación se haya realizado de forma incorrecta el navegador le mostrará una página informándole del error y deberá cumplimentar de nuevo los datos.

2. Información acerca del éxito de la operación.

Una vez que el navegador haya obtenido el certificado le mostrará la siguiente pantalla:

DESCARGA DEL CERTIFICADO

CERTIFICADO DESCARGADO

Su certificado ha sido instalado con éxito. Este certificado puede ser usado para identificarle con otros servidores de la Administración Pública, así como para intercambiar con ellos información segura.

¡¡IMPORTANTE!!:

En caso de que NO haya hecho uso de una tarjeta criptográfica, antes de proceder a utilizar su certificado le recomendamos que haga una copia de seguridad en un dispositivo de almacenamiento externo: memoria USB, CD-ROM, etc. (consulte las instrucciones).
Una vez obtenido su certificado NO lo borre, si lo hace no podrá descargarlo una 2ª vez.

Si quiere ver el certificado que ha recibido pulse "Mostrar certificado" (paso 3). Para finalizar con la instalación del certificado pulse "Aceptar".

3. Información del certificado

Si pulsa el botón "Ver certificado" el navegador le mostrará información sobre el titular, el emisor del certificado, su número de serie, su fechas de validez y su huella digital.

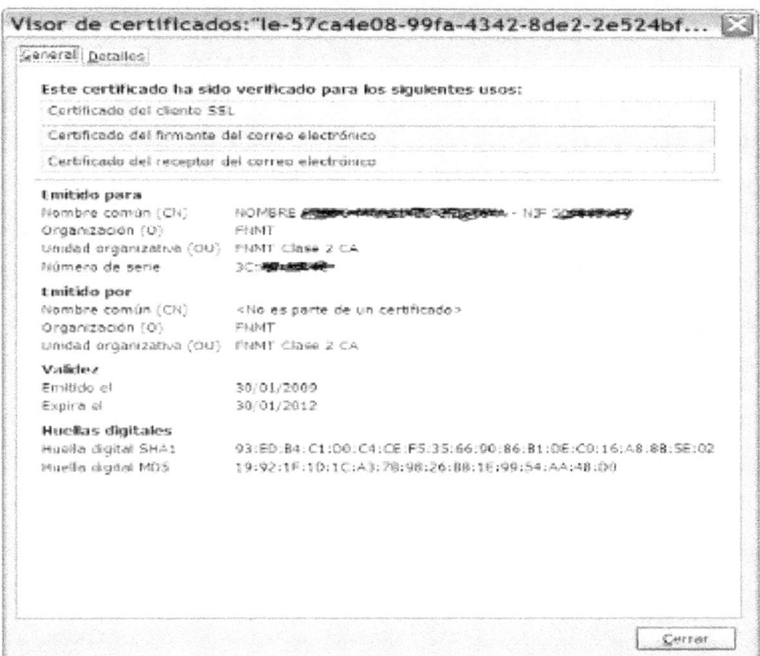

Para finalizar con la instalación del certificado pulse "Aceptar". El Certificado de Usuario habrá quedado instalado en su navegador Mozilla Firefox.

4. Copia del certificado

Su navegador le pedirá que realice una copia del certificado.

Debe pulsar el botón "Guardar como" y el navegador le pedirá una clave para cifrar los datos del certificado.

Posteriormente, se proceder del modo habitual como se trabaja en Windows para guardar un fichero, seleccionando una unidad, una ruta y un nombre y pulsando el botón "Guardar".

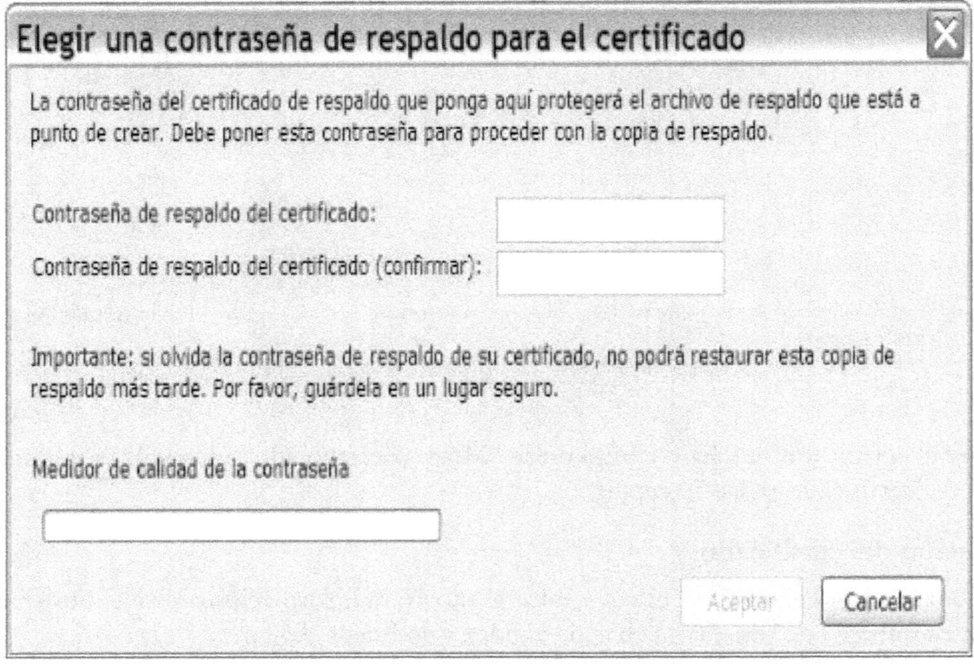
Elegir una contraseña de respaldo para el certificado
La contraseña del certificado de respaldo que ponga aquí protegerá el archivo de respaldo que está a punto de crear. Debe poner esta contraseña para proceder con la copia de respaldo.
Contraseña de respaldo del certificado:
Contraseña de respaldo del certificado (confirmar):
Importante: si olvida la contraseña de respaldo de su certificado, no podrá restaurar esta copia de respaldo más tarde. Por favor, guárdela en un lugar seguro.
Medidor de calidad de la contraseña
Aceptar
Cancelar

5. Comprobación

Para ver el certificado que has instalado, siga las siguientes intrucciones:

- Diríjase al menú 'Herramientas'
- Seleccione 'Opciones'
- Seleccione el icono 'Avanzado'
- En 'Certificados' pulse el botón <Personal>
- Seleccione la solapa 'Encriptación'

Es necesario que aparezca su certificado en la pestaña de Sus Certificados, si apareciese en otra pestaña como Otras Personas funciona igual pero pude darle algún tipo de problema como pasó últimamente con la web https://notificaciones.060.es

*** Copia de la Clave Privada**

¿Cómo puedo exportar mi certificado con Mozilla Firefox?

Acudir al almacén de certificados del navegador Mozilla Firefox:

Herramientas/Opciones/Avanzado,pestaña de Cifrado/Ver Certificados,pestaña de "Sus Certificados".

- Seleccione su certificado y pulse "Hacer copia".
- Indique dónde quiere realizar su copia de seguridad (disquete, unidad de red, etc..)
- Inserte la contraseña maestra de su navegador (si estableció alguna).
- Inserte una contraseña y la confirme para proteger la copia de seguridad que va a realizar.
- Si todo el proceso es correcto, recibirá el siguiente mensaje:

"La copia de seguridad de su(s) certificado(s) de seguridad y clave(s) privada(s) se ha realizado con éxito."

¿Cómo puedo exportar un Certificado en I.E. 8.x?

Para exportar Certificados personales en Internet Explorer 8.x deberemos seguir los siguientes pasos:
Acceder al menú Herramientas, Opciones de Internet. Una vez allí, seleccionaremos la pestaña "Contenido". En el apartado de Certificados pulsaremos el botón de "Certificados" y una vez en la ventana pulsaremos la pestaña "Personal". Aquí se nos muestra una pantalla con la relación de Certificados personales instalados en nuestro navegador. Seleccionamos el que queremos exportar y pulsamos el botón "Exportar".

A partir de este momento nos guiará un asistente de Windows.

Podemos elegir entre exportar la clave privada o no dependiendo del uso que queramos hacer del certificado.

- Exportación de Certificados con la clave Privada

Dejaremos las opciones tal y como se nos muestran por defecto y pulsamos "Siguiente" Llegamos a una pantalla donde se nos pide una contraseña y su validación para proteger el archivo que contiene el Certificado exportado. Las introducimos y pulsamos el botón "Siguiente" En el siguiente cuadro de dialogo indicaremos la ruta y el nombre del archivo que queremos que contenga el certificado exportado, pulsaremos el botón "Siguiente"

A continuación se nos muestra una ventana con las caracteristicas del certificado exportado, pulsaremos el botón "Finalizar" y nos aparece un mensaje de aviso diciendo que la clave privada va a ser exportada, pulsamos "Aceptar" y si la operación ha sido correcta se nos mostrará un cuadro informándonos de que el certificado ha sido exportado con éxito.

- Exportación de Certificados con la clave Pública

Seleccionaremos la opción de No exportar la clave privada y pulsamos "Siguiente" Marcaremos la opción "DER binario codificado X.509 (.CER)" y pulsamos "Siguiente" Introducimos la ruta y el nombre del archivo que contendrá el certificado exportado A continuación se nos muestra una pantalla con las propiedades del certificado exportado, pulsaremos "Finalizar" y si la operación la hemos realizado correctamente nos aparecerá un mensaje confirmándonos la exportación correcta del certificado.

NOTA: Haga una copia de seguridad a disco de su certificado junto con la clave privada y guárdela en lugar seguro. Nunca entregue copia de su clave privada a nadie bajo ningún concepto.

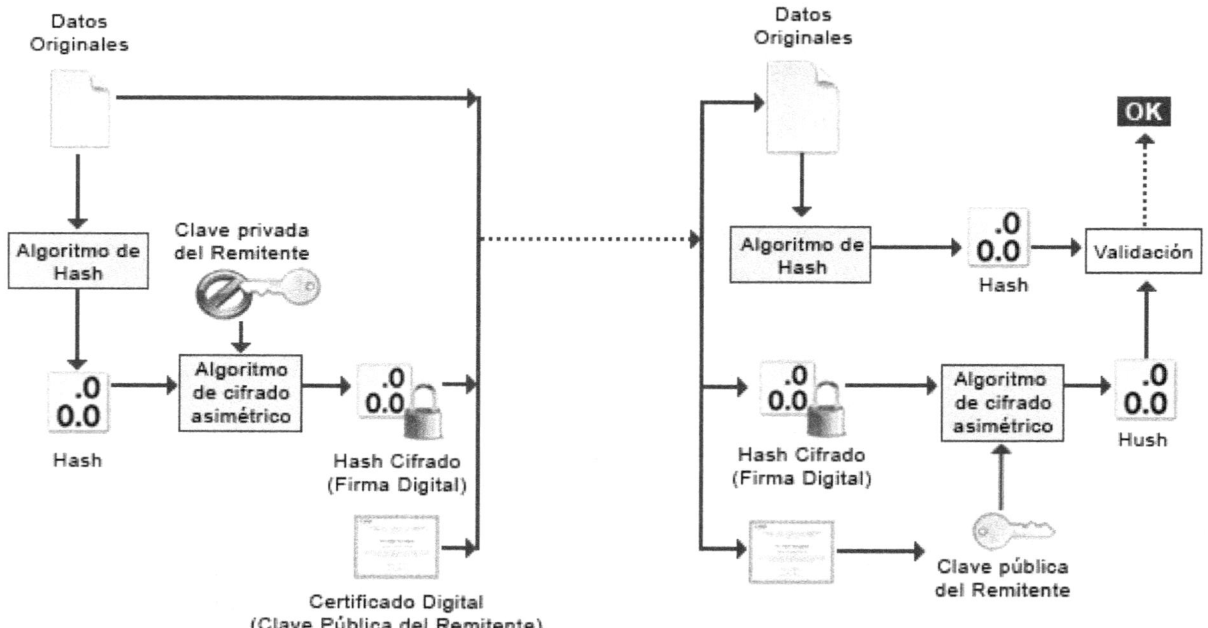

La firma electrónica asegura que nuestras transacciones electrónicas cumplen estas garantías. En definitiva, una firma electrónica es un **conjunto de datos, en forma electrónica que, consignados junto a otros o asociados con ellos, pueden ser utilizados como medio de identificación del firmante**.

SOBRE EL DNI-E

Ideas básicas

El Documento Nacional de Identidad (DNI), emitido por la **Dirección General de la Policía** (Ministerio del Interior), es el documento que acredita, desde hace más de 50 años, la identidad, los datos personales que en él aparecen y la nacionalidad española de su titular.

A lo largo de su vida, el Documento Nacional de Identidad ha ido evolucionado e incorporando las innovaciones tecnológicas disponibles en cada momento, con el fin de aumentar tanto la seguridad del documento como su ámbito de aplicación.

Con la llegada de la Sociedad de la Información y la generalización del uso de Internet se hace necesario adecuar los mecanismos de acreditación de la personalidad a la nueva realidad y disponer de un instrumento eficaz que traslade al mundo digital las mismas certezas con las que operamos cada día en el mundo físico y que, esencialmente, son:

- **Acreditar electrónicamente y de forma indubitada la identidad de la persona**
- **Firmar digitalmente documentos electrónicos, otorgándoles una validez jurídica equivalente a la que les proporciona la firma manuscrita**

Para responder a estas nuevas necesidades nace el **Documento Nacional de Identidad electrónico (DNIe)**, similar al tradicional y cuya principal novedad es que **incorpora un pequeño circuito integrado (chip)**, capaz de guardar de forma segura información y de procesarla internamente.

Para poder incorporar este chip, el Documento Nacional de Identidad cambia su soporte tradicional (cartulina plastificada) por una tarjeta de material plástico, dotada de nuevas y mayores medidas de seguridad. A esta **nueva versión** del Documento Nacional de Identidad nos referimos como **DNI electrónico** nos permitirá, además de su uso tradicional, acceder a los nuevos servicios de la Sociedad de la Información, que ampliarán nuestras capacidades de actuar a distancia con las Administraciones Públicas, con las empresas y con otros ciudadanos.

En la medida que el DNI electrónico vaya sustituyendo al DNI tradicional y se implanten las nuevas aplicaciones, podremos utilizarlo para:

- Realizar compras **firmadas** a través de Internet
- Hacer **trámites completos** con las Administraciones Públicas a cualquier hora y sin tener que desplazarse ni hacer colas
- Realizar **transacciones seguras** con entidades bancarias
- Acceder al edificio donde trabajamos
- Utilizar de **forma segura nuestro ordenador personal**

- Participar en un conversación por Internet con la certeza de que nuestro interlocutor es quien dice ser

El DNI electrónico es una oportunidad para acelerar la implantación de la Sociedad de la Información en España y situarnos entre los países más avanzados del mundo en la utilización de las tecnologías de la información y de las comunicaciones, lo que, sin duda, redundará en beneficio de todos los ciudadanos.

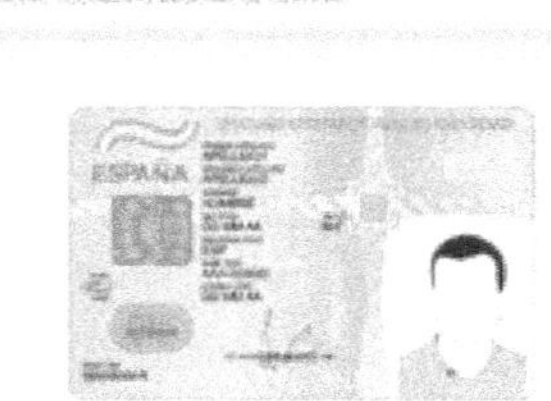

PRESENTACIÓN GRÁFICA

Características electrónicas
El nuevo Documento Nacional de Identidad dispondrá de un chip electrónico en el que se almacenarán los datos del titular.
Datos de filiación del titular
Imagen digitalizada de la fotografía
Imagen digitalizada de la firma manuscrita
Plantilla de la impresión dactilar
Certificado reconocido de autentificación y de firma
Certificado electrónico de la autoridad emisora
Par de claves de cada certificado electrónico

¿El lector que necesito para hacer uso del DNI-e es gratuito? ¿Dónde puedo comprarlo?

El lector no es un hardware gratuito, y puede adquirirlo en tiendas de informática y lugares en los que pueda comprar hardware.

Características Técnicas del lector son:
Que cumpla el estándar ISO 7816 (1, 2 y 3)
Que soporte tarjetas asíncronas basadas en protocolos T=0 (y T=1)
Que soporte velocidades de comunicación mínimas de 9.600 bps.
Que soporte los estándares:
- API PC/SC (Personal Computer/Smart Card)
- CSP (Cryptographic Service Provider, Microsoft)
- API PKCS#11

¿Qué hace falta para usar el DNI-e?

Para poder utilizar el DNIe desde el PC de casa para realizar transacciones electrónicas es necesario:

- Un lector de tarjetas inteligentes (con chip), con sus correspondiente drivers.
Existen diferentes tipos según la conexión del lector:

-USB
-PCMCIA
-Puerto de serie
-Incorporado en el teclado

-La librería para hacer uso del DNIe: CSP (para S.O. Microsoft) ó PKCS#11

-Una conexión a Internet para realizar las transacciones telemáticas.

Se coloca el DNI en el lector, se introduce el PIN y se realiza la transacción.

Seguridad

Funciones de seguridad accesibles

Para hacer uso del DNI electrónico en los términos expuestos anteriormente, éste provee las siguientes funciones de seguridad:

1. Autenticación

La tarjeta DNIe dispone de distintos métodos de autenticación, mediante los que una entidad externa demuestra su identidad, o el conocimiento de algún dato secreto almacenado en la tarjeta. La correcta realización de cada uno de estos métodos, permite obtener unas condiciones de seguridad, que podrán ser requeridas para el acceso a los distintos recursos de la tarjeta.

• Autenticación de usuario (PIN)

La tarjeta DNIe soporta verificación de usuario (CHV- Card Holder verification). Esta operación es realizada comprobando el código facilitado por la entidad externa a través del correspondiente comando.

Cada código CHV tiene su propio contador de intentos. Tras una presentación válida de PIN, el contador de reintentos correspondiente es automáticamente puesto a su valor inicial (típicamente = 3). El contador de intentos es decrementado cada vez que se realiza una presentación errónea, pudiendo llegar a bloquearlo si el contador llega a cero. Es posible desbloquear un código tras una correcta presentación de la huella dactilar del usuario, que en este caso actúa de código de desbloqueo. A su vez estas presentaciones de huellas tienen su propio contador de intentos. Si el número de intentos de presentación de huella dactilar se agota, no será posible realizar la operación de desbloqueo. Es posible cambiar el código de CHV a un nuevo valor presentando el valor actual o presentando la huella dactilar.

El código PIN es personal e intransferible, por tanto, únicamente debe ser conocido por el titular de la tarjeta en cuestión.

• Autenticación de usuarios mediante datos biométricos

La tarjeta DNIe permite realizar una identificación biométrica del titular de ésta, si bien está función sólo estará disponible en puntos de acceso controlados.

La aplicación que accede al DNIe, una vez conocida la información sobre las huellas contenidas en la tarjeta, decide sobre que huella va a proceder a verificar, solicitando al portador que coloque el dedo adecuado. Tras obtener los datos biométricos desde en el dispositivo lector de huellas, presenta la información biométrica a la tarjeta a través del correspondiente comando. Tras las comprobaciones iniciales de condiciones de uso y seguridad, la tarjeta procede, mediante su algoritmo Match on Card, a evaluar la correspondencia entre la huella presentada y la referencia.

Si la evaluación supera el umbral, la verificación es correcta. En caso contrario, la tarjeta anota una presentación errónea sobre esa huella devolviendo el número de intentos restantes.

• Autenticación de aplicación

El propósito de este método de autenticación es que la entidad externa demuestre tener conocimiento del nombre y valor de un código secreto. Para realizar esta autenticación de aplicación, se utiliza un protocolo de desafío-respuesta, con los siguientes pasos:
La aplicación pide un desafío a la tarjeta
La aplicación debe aplicar un algoritmo a este desafío junto con el correspondiente código secreto y nombre de la clave
La tarjeta realiza la misma operación y compara el resultado con los datos transmitidos por la aplicación. En caso de coincidir, considera correcta la presentación para posteriores operaciones.

• Autenticación mutua

Este procedimiento permite que cada una de las partes (tarjeta y aplicación externa) confíe en la otra, mediante la presentación mutua de certificados, y su verificación.

En el proceso, también se incluye el intercambio seguro de unas claves de sesión, que deberán ser utilizadas para securizar (cifrar) todos los mensajes intercambiados posteriormente. Este servicio permite el uso de diferentes alternativas, que podrán seleccionarse implícitamente en función de la secuencia de comandos, o explícitamente, indicando su identificador de algoritmo en un comando de gestión de entorno de seguridad anterior (MSE).

Las dos opciones disponibles están basadas en la especificación 'CWA 14890-1 Application Interface for smart cards used as Secured Signature Creation Devices – Part 1', y son las siguientes:
Autenticación con intercambio de claves (descrita en el capítulo 8.4 de CWA 14890-1).
Autenticación de dispositivos con protección de la privacidad, (descrita en el capítulo 8.5 de CWA 14890-1).

2. Securización de mensajes

La tarjeta DNIe permite la posibilidad de establecer un canal seguro entre el terminal y la tarjeta que securice los mensajes transmitidos. Para el establecimiento es necesaria la autenticación previa del terminal y la tarjeta, mediante el uso de certificados. Durante la presencia del canal seguro los mensajes se cifran y autentican, de tal forma que se asegura una comunicación "una a uno" entre los dos puntos originarios del canal.

El canal seguro puede ser requerido por la aplicación o puede ser una restricción de acceso impuesta a algún recurso de la tarjeta.

Para el establecimiento del canal seguro, en primer lugar, se realiza un intercambio de las claves públicas de la tarjeta y el terminal mediante certificados que serán verificados por ambas partes. A continuación se realiza un protocolo de autenticación mutua, con intercambio de semillas para la derivación de una semilla común que dé lugar a las claves de sesión de cifrado y autenticado.

Una vez concluido el protocolo para el establecimiento de la semilla común todos los mensajes deben transmitirse securizados.

3. Desbloqueo y cambio de PIN

Se permite el cambio de PIN, mediante la presentación del valor antiguo. Es posible también el cambio de PIN bajo determinadas condiciones tras la realización de una verificación biométrica.

Debido a la criticidad de esta operación, el cambio de PIN se ha de realizar siempre en condiciones de máxima confidencialidad y en terminales específicamente habilitados a tal efecto o con las debidas condiciones de seguridad, exigiéndose por tanto, el establecimiento de un canal seguro.

El cambio de PIN, haciendo uso de la huella dactilar (desbloqueo), únicamente está permitido en dispositivos autorizados por la Dirección General de la Policía (DGP) y no se puede realizar, bajo ningún concepto, en otros terminales.

4. Funcionalidad criptográfica

• Claves RSA
La tarjeta DNIe es capaz de generar y gestionar claves RSA. La generación de la pareja de claves RSA sigue el estándar PKCS#1 v1.5. Se usa el algoritmo Miller-Rabin como test de primalidad.

• Hash
La tarjeta DNIe es capaz de realizar hash de datos con el algoritmo SHA1. Es posible realizar todo el proceso en la tarjeta o finalizar un hash calculado externamente. Después de finalizar cualquier operación de hash, el código resultante es almacenado en la memoria de la tarjeta para ser usado posteriormente por un comando. El hash sólo permanece en memoria hasta la siguiente operación.

• Firmas electrónicas
La tarjeta DNIe tiene capacidad para la realización de firmas electrónicas de dos modos diferentes:
Modo raw
Modo relleno PKCS#1

5. Intercambio de claves

La operación de intercambio de claves es usada para compartir claves simétricas o de sesión entre dos entidades. Es posible cifrar una clave Ks con la clave pública de un destinatario, la cual puede ser cargada en la memoria de la tarjeta protegida mediante una clave RSA. El destinatario puede descifrar la clave Ks usando la clave privada RSA correspondiente.

6. Cifrado

La tarjeta puede realizar operaciones 3 DES CBC con claves de 16 bytes (k1, k2, k1). Para realizar operaciones 3DES en la tarjeta, la clave de 16 bytes de longitud debe ser cargada en memoria. El proceso de carga está protegido por algoritmo RSA. La clave permanece en memoria hasta que se finaliza la sesión con la tarjeta o se carga una nueva.

Aplicaciones de firma

Uno de los principales usos del DNI electrónico es la realización de firma electrónica. Para utilizar esta funcionalidad de firma, numerosas aplicaciones pueden ser empleadas, ya que éstas acceden a las capas o módulos intermedios de CSP y PKCS#11, que proporcionan un interfaz estándar de acceso a la tarjeta.

Es recomendable seguir los consejos y buenas prácticas que se describen en la dirección www.dnielectronico.es/Asi_es_el_dni_electronico/
consejos.html

Requisitos de seguridad del entorno

Para el correcto y seguro funcionamiento de la tarjeta DNIe se han de utilizar los módulos criptográficos CSP y PKCS#11 que se encuentran en la dirección www.dnielectronico.es/descargas/

Estos módulos contienen lo necesario para establecer un entorno seguro en la operación con el DNI electrónico y satisfacer los requisitos de seguridad aplicables al entorno de las tecnologías de la información descritos en el perfil de protección CWA 14169.

Diferencias entre Certificado Digital y DNI Electronico

Realmente no se oportuna ninguna diferencia entre estos dos metodos de firma digital.

El certificado digital, es un documento creado en internet, o de una asociacion para usarlo en internet, el cual garantiza la identificacion del sujeto con una clave publica.

Que quiere decir esto?

Se usa un conjunto de claves publicas y privadas. La clave privada es usada en las oficinas o administraciones alojadas en internet, identificandose como tal. Para poder certificar que somos las personas que ya estan registradas en esa oficina o entidad, tendremos que obtener una clave publica de la misma clave privada.

SI, es algo engorroso, basicamente, hay dos claves, una privada, que se aloja en las oficinas, y una publica la cual se obtiene de la privada. Esa publica la tendremos nosotros y nos identificaran como que somos los registrados en esa entidad, con nuestros datos personales.

La unica diferencia del DNIe al Certificado Digital, es que unos cuantos certificados digitales (claves privadas y publicas) se alojan en un chip del dni, facilitando asi la identificacion en internet de quienes somos.

De una manera mas sencilla, tenemos dos numeros de DNI, el de manera fisica (12345678-P) y el certificado digital, que contendra la clave publica que nos acredita en internet.

Si partimos de la premisa que hemos realizado estos pasos correctamente, tenemos nuestro Certificado Digital ó bien nuestro DNIe con un teclado específico con lector de tarjetas o con un buen lector USB que hemos adquirido en cualquier empresa de informática cercana a nuestro lugar, podemos comenzar los pasos necesarios restantes para registrar nuestra empresa en la administración, primero visitaremos esta Web http://www.eugo.es y para obtener nuestra denominación única en el Registro Mercantil Central http://www.rmc.es que no puede existir y será original.

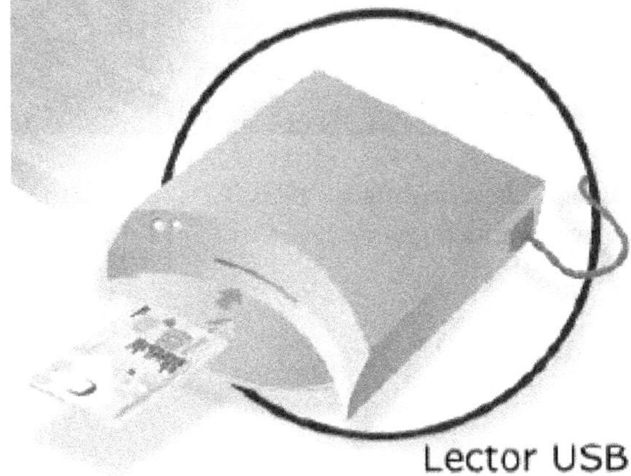

TALLER PRÁCTICO SOBRE CREACIÓN DE EMPRESAS DIGITALES: DESARROLLO DE LA ACTIVIDAD COMERCIAL.
Requerimientos legales on-line
Sobre la importancia de los requisitos legales para iniciar una empresa, como el alta censal, alta en el IAE, pago de IVA e IRPF y la selección de la forma jurídica. También se contempla la claridad y transparencia hacia el cliente en el proceso del contrato de compra, así como la seguridad y facilidad en la modificación o cancelación de los datos de los clientes en cumplimiento de la Ley Orgánica de Protección de datos.
http://www.eugo.es/
http://malaga24h.malaga.eu

Os recomiendo Webs como la de EUGO a nivel Europeo donde podemos acceder a una enorme cantidad de información, pasos, leyes, reglamentos a nivel Europeo todas muy interesantes.
http://www.eugo.es

Presentación del Portal.

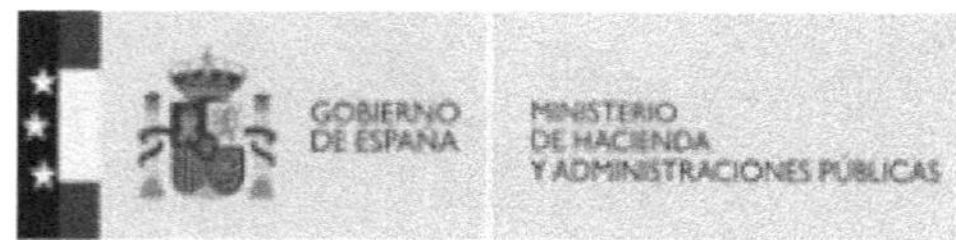

¿Qué es el Portal WWW.EUGO.ES, Ventanilla Única de la Directiva de Servicios?

El portal WWW.EUGO.ES, Ventanilla Única de la Directiva de Servicios, es un proyecto del Ministerio de Hacienda y Administraciones Públicas del Gobierno de España, que responde a las obligaciones establecidas por la Directiva 123/2006/CE (Directiva de Servicios) y que se han incorporado al ordenamiento jurídico español en la Ley 17/2009 de 23 de noviembre sobre el libre acceso a las actividades de servicios y su ejercicio.

¿A quién va dirigido el Portal WWW.EUGO.ES?

El portal WWW.EUGO.ES está dirigido a los Prestadores de servicios (empresarios y emprendedores), de los Estados Miembros de la Unión Europea que quieran realizar su actividad empresarial en España. También está dirigido a los consumidores (destinatarios de los servicios) de dichas actividades empresariales para proporcionarles la información sobre las asociaciones y formas de reclamación, así como a las Autoridades Competentes que otorgan las autorizaciones, registros, etc., en los términos establecidos en la Ley 17/2009.

La Directiva establece un marco jurídico general para cualquier servicio prestado a cambio de una remuneración económica (salvo los sectores excluidos) teniendo en cuenta, al mismo tiempo, la especificidad de determinadas actividades o profesiones.

Quedan excluidos los servicios siguientes:

- los servicios no económicos de interés general;
- los servicios financieros (como los bancarios, de crédito, de seguros y reaseguros, de pensiones de empleo o individuales, de valores, de fondos de inversión y de pagos);
- los servicios de comunicaciones electrónicas en lo que se refiere a los ámbitos que se rigen por las Directivas en la materia;
- los servicios de transporte, incluidos los portuarios;
- los servicios de las empresas de trabajo temporal;

- los servicios sanitarios;
- los servicios audiovisuales;
- las actividades de juego por dinero;
- las actividades vinculadas al ejercicio de la autoridad pública;
- determinados servicios sociales (relativos a la vivienda social, la atención a los niños y el apoyo a personas necesitadas);
- los servicios de seguridad privados;
- los servicios prestados por notarios y agentes judiciales designados mediante un acto oficial de la Administración.

¿Qué es la prestación de servicios?

La prestación de servicios es la realización de una actividad empresarial (servicio) por cuenta propia, y a cambio de una remuneración económica.

El acceso y el ejercicio de la prestación de servicios en un Estado Miembro de la Unión Europea, y en particular en España, conlleva el cumplimiento de una serie de requisitos en distintos ámbitos, como por ejemplo:

- La constitución de sociedades de distintos tipos: Anónima, Limitada, etc.
- La obtención de licencias e inscripción en registros.
- La colegiación y el carné profesional.
- La obtención del número de identificación fiscal.
- La Inscripción de la empresa y el alta de trabajadores

Igualmente, los prestadores de servicios de los Estados Miembros pueden elegir dos Formas de prestación para ejercer su actividad. Pudiendo optar por:

- La Forma de Prestación con Establecimiento, cuando una actividad económica se realiza por una duración indeterminada y a través de una infraestructura estable, como por ejemplo:
    - Constitución de una sociedad.
    - Empresario Individual.
    - Apertura de Sucursal.
    - Apertura de Filial.
    - Otras formas de Establecimiento: UTE (Unión Temporal de Empresas), Sociedades Cooperativas, Sociedades Profesionales, etc.

- La Forma de Prestación sin Establecimiento, cuando la realización de la actividad de servicios no requiere una infraestructura estable sino que el prestador de servicios ejerce su actividad de forma temporal. Las modalidades más habituales de prestación de servicios sin establecimiento en España están referidas a:
    - Asociación con una empresa establecida.
    - Empresario Individual
    - Prestación temporal de servicios.

El conjunto de requisitos para ambas formas de prestación es amplio y varía en función de la actividad empresarial, la forma de prestación, la forma jurídica adoptada y la localización geográfica donde se va a realiza la actividad.

¿Cómo encontrar la información?

El objetivo principal del Portal WWW.EUGO.ES es facilitar a los prestadores de servicios la información referente a las opciones de las que dispone para el acceso y ejercicio de su actividad empresarial.

Para determinar el conjunto de trámites y requisitos necesarios, se debe seleccionar la actividad empresarial, la forma de prestación, la forma jurídica adoptada y la localización geográfica donde se va a realiza la actividad.

Una vez determinada la selección se obtiene la lista de trámites a realizar visualizándose el resultado de la búsqueda en forma de gráfico o de lista con grupos de trámites: trámites de acceso a la actividad, trámites de ejercicio, trámites específicos y otros trámites de interés.

La información se presentará de dos modos:

- En forma de lista, donde el usuario podrá ver de manera secuencial los trámites necesarios para su prestación de servicios.

⊞ Paso 1.	Certificación negativa de la Denominación Social
⊞ Paso 2.	Firma Escritura pública de Constitución
⊞ Paso 3.	Ingreso de Capital Social
⊞ Paso 4.	Solicitud del NIF Provisional
⊞ Paso 5.	Liquidación del Impuesto de Transmisiones Patrimoniales y Actos Jurídicos Documentados
⊞ Paso 6.	Inscripción en el Registro Mercantil Provincial
⊞ Paso 7.	Obtención del NIF definitivo

- En forma de gráfico, donde los trámites se distribuyen en función del ámbito de actuación de la Autoridad competente (Administración General del Estado/Comunidades Autónomas/Entidades Locales/otras autoridades).

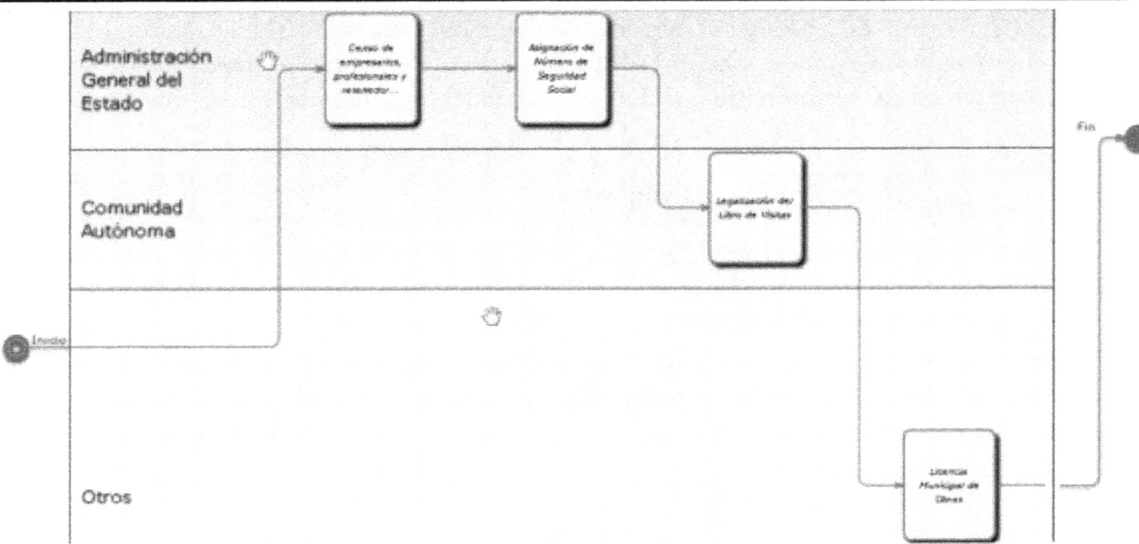

Además de la información presentada por pantalla, el portal WWW.EUGO.ES ofrecerá la posibilidad de descarga de dicha información de manera estructurada en formato .pdf como Guía de Asistencia.

http://www.eugo.es/POVUDS_web/appmanager/portal/desktop?_nfpb=true&_windowLabel=PresPortal&_pageLabel=PresPortalPage&consultaGuias=GA

Módulo de Búsqueda de Vías de Reclamación y Organizaciones de Asistencia.

La protección de los derechos de los prestador de servicios y de los destinatarios (consumidores) de los mismos requiere que el portal WWW.EUGO.ES proporcione la información necesaria para que el usuario del portal pueda conocer las organizaciones de asistencia y vías de reclamación. A través de una búsqueda sencilla el portal ofrece dicha información que también se puede descargar en formato .pdf.

Ayuda a la Tramitación.

El portal WWW.EUGO.ES proporciona ayuda al prestador de servicios para iniciar la realización de sus trámites correspondientes a una actividad, forma de prestación, forma jurídica y localidad seleccionada haciendo de distribuidor e intermediario entre las distintas autoridades competentes responsables de cada trámite.

Para iniciar la realización de los trámites mediante la Ayuda a la Tramitación es necesario registrarse en el portal.

En la actualidad WWW.EUGO.ES dispone de tramitación telemática para la constitución de Sociedades Limitadas así como la tramitación de Empresarios individuales, no siendo necesario utilizar formularios en papel. Para el resto de formas de prestación el portal proporciona ayuda e información para el seguimiento de la tramitación presencial.

Dicha funcionalidad es posible gracias al Sistema de Tramitación Telemática del Centro de Información y Red de Creación de Empresas (CIRCE), un sistema informático de tramitación de expedientes electrónicos que, a través del Documento Único Electrónico (DUE) y un procedimiento telemático, llevará a cabo el intercambio de la documentación necesaria para la creación de empresas y empresarios individuales.

El prestador de servicios que haya iniciado la tramitación a través de WWW.EUGO.ES tiene la posibilidad de realizar el seguimiento de la misma.

Trámites de Acceso

ESTADO	PASO	FECHA	OBSERVACIONES
FINALIZADO	Certificación negativa de la Denominación Social	20/05/2010 14:00:05	
FINALIZADO	Ingreso de Capital Social	20/05/2010 14:12:03	
FINALIZADO	Firma Escritura pública de Constitución	20/05/2010 14:12:12	
FINALIZADO	NIF: Asignación de Número de Identificación Fiscal a las personas jurídicas y entidades sin personalidad jurídica	20/05/2010 14:16:35	
PENDIENTE	Liquidación del Impuesto de Transmisiones Patrimoniales y Actos Jurídicos Documentados	20/05/2010 14:16:58	Iniciar Trámite
NO INICIADO	Inscripción en el Registro Mercantil Provincial		
NO INICIADO	NIF: Asignación Definitiva de Número de Identificación Fiscal a las personas jurídicas y entidades sin personalidad jurídica		

Centro de Atención a Usuarios.

El portal WWW.EUGO.ES complementa a través del Centro de Atención al Usuario (060) la información ofrecida por medios electrónicos.

¿necesitas ayuda?
Contacta con nosotros
Consulta las Guías de Asistencia

Autoridades Competentes.

A través de una zona privada, el portal WWW.EUGO.ES permite la cooperación y colaboración entre las Autoridades Competentes con responsabilidad en la información y realización de los trámites.

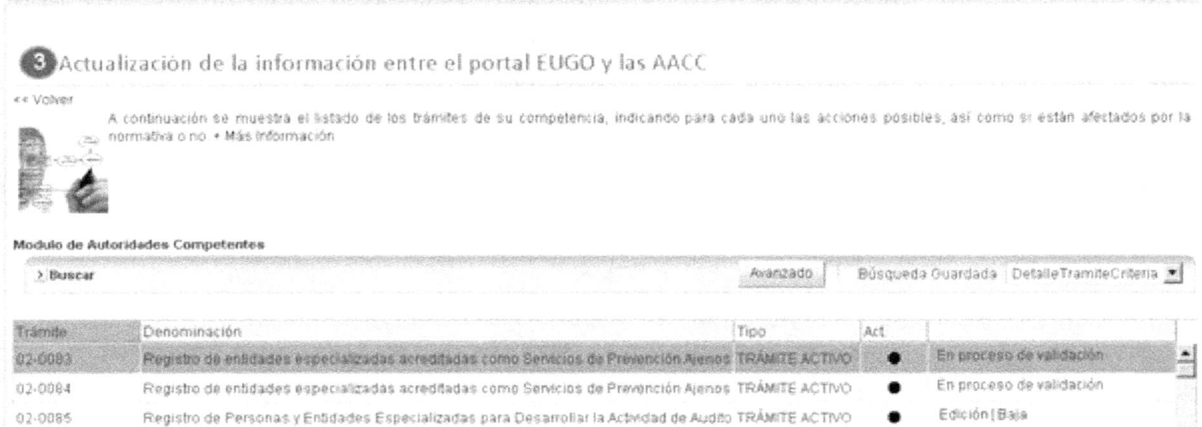

La red de ventanillas físicas.

La red de oficinas físicas empresariales ayuda y asesora al emprendedor en la elaboración y tutoría del Plan de Empresa así como en la realización telemática de sus trámites empresariales. Existen dos redes de oficinas físicas, la red de Ventanillas Únicas Empresariales y la red PAIT de Puntos de Tramitación Empresarial.

¿Se pueden crear empresas por internet en España?

La respuesta es un SI rotundo, dede organismos como CIRCE (anteriormente comentado) pasando por los más de 1000 puntos PAIT de Asesoramiento e Inicio de la Tramitación como apoyo a todas las gestiones que realicemos.

TALLER PRÁCTICO SOBRE CREACIÓN DE EMPRESAS DIGITALES: DESARROLLO DE LA ACTIVIDAD COMERCIAL.
¿Se pueden crear empresas por Internet en España?
La creación de empresas por Internet es una más de las funcionalidades semidesconocidas que ofrecen las administraciones públicas, pese a que ofrece grandes ventajas en cuanto a un menor tiempo de tramitación, mayor simplicidad y reducción de costes. Desde 2003, está disponible CIRCE, un sistema mediante el
emprendedor/a puede crear su empresa, a través de Internet, utilizando su
electrónico (el "hágalo usted mismo" ha llegado hasta aquí). O, si
que le ayuden, puede acudir a uno de los más de 1000 Puntos de
Inicio de la Tramitación (PAIT), donde le ofrecerán servicios de asesoramiento, información e inicio de la tramitación. Estos puntos pueden pertenecer a organismos públicos o privados.
Mediante CIRCE podemos crear empresas por Internet.
Con este sistema hay una importante reducción de los plazos para la constitución.
Reducción de costes: el propio emprendedor puede hacerlo.
Simplificación del procedimiento: no es necesario saber dónde hay que dirigirse, basta con acudir a un PAIT o por Internet, con un certificado digital.
ICHTON
MMI
Ayuntamiento de Málaga
imfe

Bienvenido a la subsede electrónica de la Subdirección General de Apoyo a la Pequeña y Mediana Empresa

Desde esta plataforma usted podrá acceder a los servicios electrónicos que la Subdirección Gral. de Apoyo a la PYME pone a su disposición y podrá realizar sus trámites durante las 24 horas de los 365 días del año.

https://subsede.dgpyme.mityc.gob.es/es-ES/ProcedimientosElectronicos/Paginas/ProcedimientosElectronicos.aspx

Procedimientos electrónicos

Los procedimientos electrónicos facilitan el acceso a todos los servicios de Administración Electrónica que la Dirección General de Industria y de la Pequeña y Mediana Empresa (DGIPYME) pone a disposición de ciudadanos y empresas, en cumplimiento a lo establecido en la Ley 11/2007, de 22 de junio, de acceso electrónico de los ciudadanos a los Servicios Públicos.

El Sistema de Tramitación Telemática (STT) del Centro de Información y Red de Creación de Empresas (CIRCE) es un sistema informático de tramitación de expedientes electrónicos que, a través del Documento Único Electrónico (DUE), lleva a cabo el intercambio de la documentación necesaria para la creación de empresas.

Las gestiones que este sistema incorpora con las siguientes:

- Reserva de la Denominación Social (Sólo SLNE) Para ello seguir paso de la pag. 57 punto 1.
- Reserva de cita con la Notaría.
- Solicitud del CIF provisional
- Presentación de la Declaración Censal de Inicio de Actividad
- Liquidación del Impuesto de Transmisiones Patrimoniales y Actos Jurídicos Documentados (ITP/AJD) en la Comunidad Autónoma correspondiente

- Inscripción en el Registro Mercantil Provincial
- Trámites con la Tesorería General de la Seguridad Social
- Inclusión de ficheros de datos con información personal en la Agencia de Protección de Datos
- Reserva de Dominio de Internet
- Solicitud del CIF definitivo

Acceso a los procedimientos electrónicos

Creación de Empresas (Pait Virtual):

Permite realizar todos los trámites necesarios para constituir una sociedad mercantil de los siguientes tipos:

- Sociedad de Responsabilidad Limitada
- Sociedad Limitada Nueva Empresa (SLNE)
- Empresario individual

Dentro de este procedimiento electrónico se ha habilitado el servicio de Consulta de Expediente (Emprendedor):

Este servicio permite al ciudadano que haya iniciado el procedimiento de creación de empresas, la consulta del estado de su expediente. Para acceder a este servicio es necesaria la autenticación.

Otros organismos muy útiles de Ventanilla Electrónica

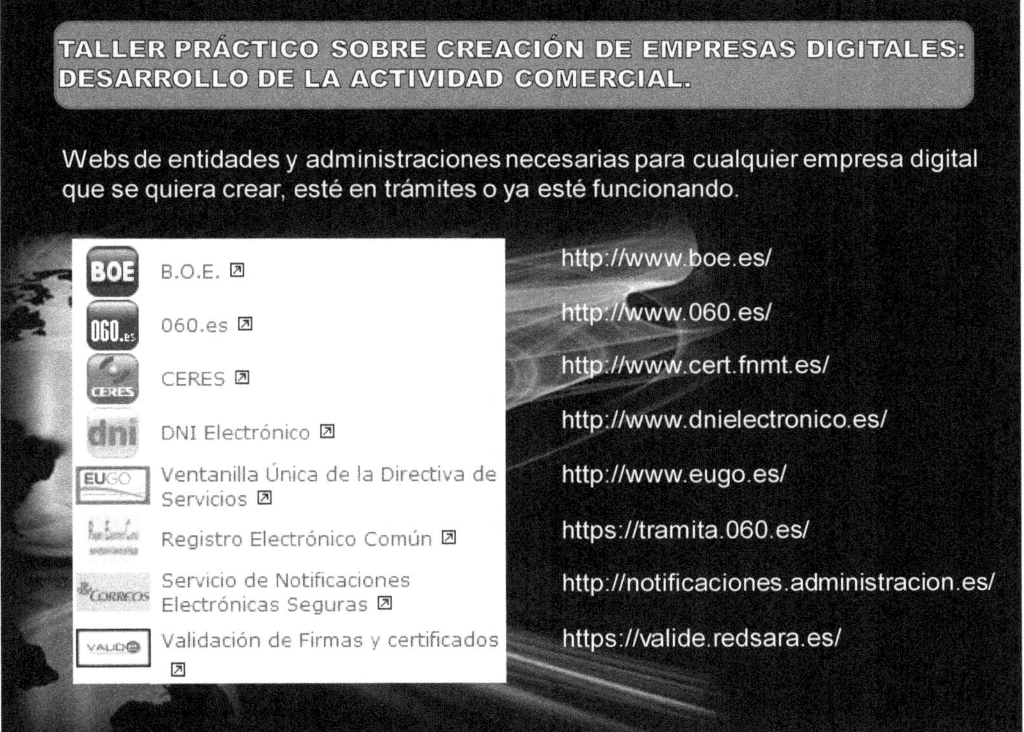

TALLER PRÁCTICO SOBRE CREACIÓN DE EMPRESAS DIGITALES: DESARROLLO DE LA ACTIVIDAD COMERCIAL.
Webs de entidades y administraciones necesarias para cualquier empresa digital que se quiera crear, esté en trámites o ya esté funcionando.
B.O.E.
http://www.boe.es/
060.es
http://www.060.es/
CERES
http://www.cert.fnmt.es/
DNI Electrónico
http://www.dnielectronico.es/
Ventanilla Única de la Directiva de Servicios
http://www.eugo.es/
Registro Electrónico Común
https://tramita.060.es/
Servicio de Notificaciones Electrónicas Seguras
http://notificaciones.administracion.es/
Validación de Firmas y certificados
https://valide.redsara.es/

Desde BOE para seguir liciaciones públicas que podamos acudir con nuestras plicas y ofertas económicas, pasando por Notificaciones Electrónicas son lugares donde entraremos con Certificado Digital de empresa ó DNIe personal para realizar distintos trámites.

Relacción de pasos a seguir par dar de alta la sociedad desde un ordenador con Certificado

TALLER PRÁCTICO SOBRE CREACIÓN DE EMPRESAS DIGITALES: DESARROLLO DE LA ACTIVIDAD COMERCIAL.
Tramitación Telemática del Centro de Información y Red de Creación de Empresas (STT-CIRCE) el que realizará los siguientes pasos:
Paso 01 - Cumplimentación del Documento Único Electrónico (DUE)
Paso 02 - Reserva de la Denominación Social (Sólo SLNE)
Paso 03 - Otorgamiento de la Escritura de constitución
Paso 04 - Solicitud del CIF provisional
Paso 05 - Liquidación del Impuesto de Transmisiones Patrimoniales y Actos Jurídicos Documentados
Paso 06 - Inscripción en el Registro Mercantil Provincial (RMP)
Paso 07 - Trámites en la Seguridad Social
Paso 08 – Expedición de la Escritura inscrita
Paso 09 - Solicitud del CIF definitivo
Paso 10 - Inscripción de ficheros de carácter personal en la Agencia Española de protección de datos
ICHTON
MMI
Ayuntamiento de Málaga
imfe

Obtención de Certificación Negativa de la Denominación del Registro Mercantil Central (RMC).

A través del RMC (www.rmc.es) se puede realizar la solicitud vía telemática, solicitando 3 posibles nombres para nuestra empresa, a lo que se nos contestará concediendo uno de ellos cuando dicho nombre no exista ya (de ahí que sellame: certificación negativa de nombre). En el caso que los 3 nombres solicitados ya existan, deberemos realizar una nueva solicitud con 3 nuevos nombres distintos a los anteriores. En este punto es importante tener en cuenta los criterios establecidos por el Registro Mercantil para entender que existe una "identidad de nombres" de modo que no solo consideran como idénticos a dos nombres iguales, sino que en muchos casos el emprendedor se ha encontrado en la situación que aún no existiendo ninguna empresa cuya denominación sea idéntica a la que solicita, como tiene palabras propias de otro nombre social de otra empresa, la solicitud le ha sido denegada, debiendo realizar una nueva solicitud.

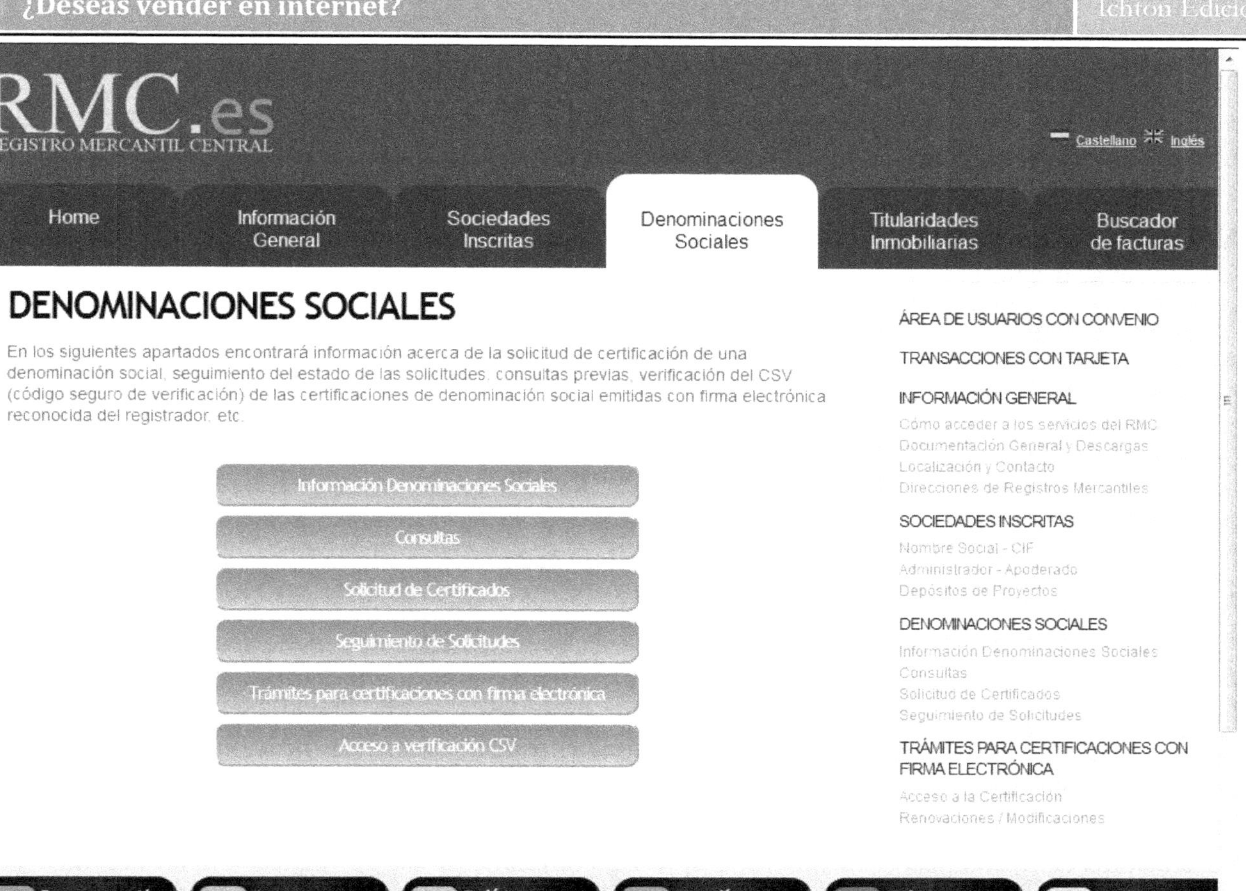

Un consejo para no estar solicitando certificados de denominación sin conseguir un nombre, es que dentro de la web del RMC existe la posibilidad de consultar la disponibilidad o no de los nombres que queremos solicitar, de modo, que a priori podemos saber si esos nombres nos los van a poder conceder o no. (Debiendo tener en cuenta lo señalado anteriormente, el hecho nos ponga que el nombre está disponible no significa que nos lo vayan a dar con seguridad porque puede existir uno tan parecido que el RMC considere adecuado concederlo.)

Coste aproximado del certificado: 18€, coste de la consulta 1.71€.Desde la solicitud del certificado hasta su recepción pasa una semana. El certificado tiene una vigencia de 2 meses, pero el nombre solicitado queda reservado durante 15 meses, de modo que si pasan 2 meses desde la concesión del nombre, deberá solicitarse su renovación para poder acudir a la Notaría. La solicitud de renovación se realizará remitiendo una carta al RMC solicitando su renovación y adjuntando el certificado caducado.

COMO ACCEDER A LOS SERVICIOS DEL RMC

El Registro Mercantil Central proporciona a los usuarios dos métodos para obtener la información acerca de sociedades inscritas y/o denominaciones sociales:

USUARIOS SIN CONVENIO. - Abonarán mediante tarjeta de crédito el arancel correspondiente.

USUARIOS CON CONVENIO.- Utilizarán la clave de acceso asignada por el Registro Mercantil Central una vez suscrito el convenio correspondiente.

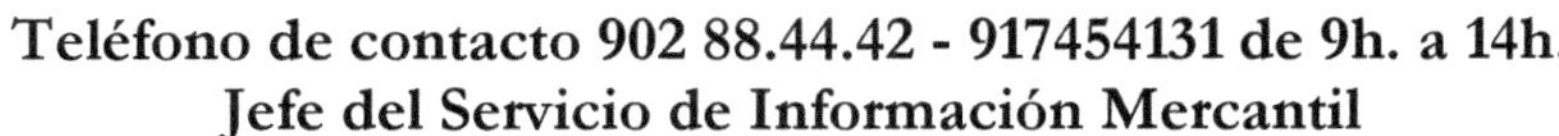

Teléfono de contacto 902 88.44.42 - 917454131 de 9h. a 14h.
Jefe del Servicio de Información Mercantil

Desde aquí puede también descargar a su ordenador el fichero con el texto de los convenios CONVENIO PARA EL ACCESO A LA INFORMACION SOBRE ACTOS SOCIALES INSCRITOS Y DENOMINACIONES DEL REGISTRO MERCANTIL CENTRAL

Este fichero está en formato Adobe PDF. Para leerlo y/o imprimirlo debe tener instalado en su ordenador el programa Adobe Acrobat Reader (versiones 7.0 o superiores). Si aún no lo tiene instalado en su ordenador, este programa se puede descargar GRATUITAMENTE desde el web de Adobe. Lea las instrucciones, descargue el programa e instálelo. Tras la instalación, puede hacer click sobre el enlace al documento del convenio y visualizarlo y/o imprimirlo en su navegador.

Si desea suscribir el convenio de acceso a los Servicios del Registro Mercantil Central, remita a nuestra dirección 2 copias debidamente impresas, cumplimentadas y firmadas. Le remitiremos por correo una de las copias firmada por el Registrador Mercantil Central comunicándole su clave de acceso.

ARANCEL APLICABLE

(Disposición transitoria 19ª, apartados a, b y e del Reglamento del Registro Mercantil de 19 de Julio de 1996, en relación con los nº23 y 24 del Arancel de 29 de marzo de 1973. Al importe resultante, se le añadirá el IVA correspondiente.)

PUBLICIDAD DE ACTOS SOCIALES INSCRITOS

- Información **en extracto** de cada **sociedad inscrita**(art. 379 a) R.R.M: Datos generales, administradores, apoderados, depósito de cuentas, dominios y Web corporativa (sede electrónica) inscritos en el Registro Mercantil correspondiente: **3,304566 €**
- Redacción y contenido en **extracto** de los **actos inscritos publicados** en el Boletín Oficial del Registro Mercantil (arts 9 y 379 c) R.R,M y art. 2 R.D 1979/2008 de 28 de Noviembre): **1,502530 €**
- Localización societaria por **administradores/apoderados: 1,803036 €**
- Información sobre **depósito de Proyectos** de fusión, escisión, etc: **1,803036 €**

SECCION DE DENOMINACIONES

- Consulta hasta un número máximo de 3 denominaciones: **1,803036 €**
- Certificación (Presentación 6,010121+Busca 1,502530+Certificación 6,010121) **13,52€**

Ventajas importante de la gestión y tramitación digital

- Varias son las ventajas que puede encontrar un emprendedor al utilizar este sistema:
- - Reducción de tiempos: Actualmente la media para la constitución se sitúa en tres días para las SLNE, once para SRL y pocas horas para el alta de Autónomos.
- - Reducción de costes: El propio emprendedor, utilizando su certificado electrónico, puede rellenar el Documento Único Electrónico (DUE), en el que se recogen todos los datos necesarios para la constitución de la empresa, o acudir a un PAIT público, donde lo harán por él sin ningún coste.
- - Simplificación de trámites: No es necesario saber los pasos que hay que dar para crear una empresa, ni las administraciones ante las que hay que presentar la documentación. En un único paso se puede hacer todo
- - Reducción de desplazamientos: Una vez rellenado el DUE, la única visita obligatoria es a la notaría (y en el caso de autónomos, ni eso)
- Los trámites que se realizan a través de la tramitación electrónica abarcan por una parte los obligatorios para la constitución (solicitud del NIF de la empresa, trámites con la Seguridad Social, inscripción en el Registro Mercantil Provincial, reserva de cita en la Notaría, etc.) y, por otra, trámites que, si bien no son obligatorios en este punto, sí que pueden ser vitales para el emprendedor/a, como el alta de los ficheros en la Agencia Española de Protección de Datos, la reserva del dominio de Internet o la reserva de la marca o el nombre comercial en la Oficina Española de Patentes y Marcas

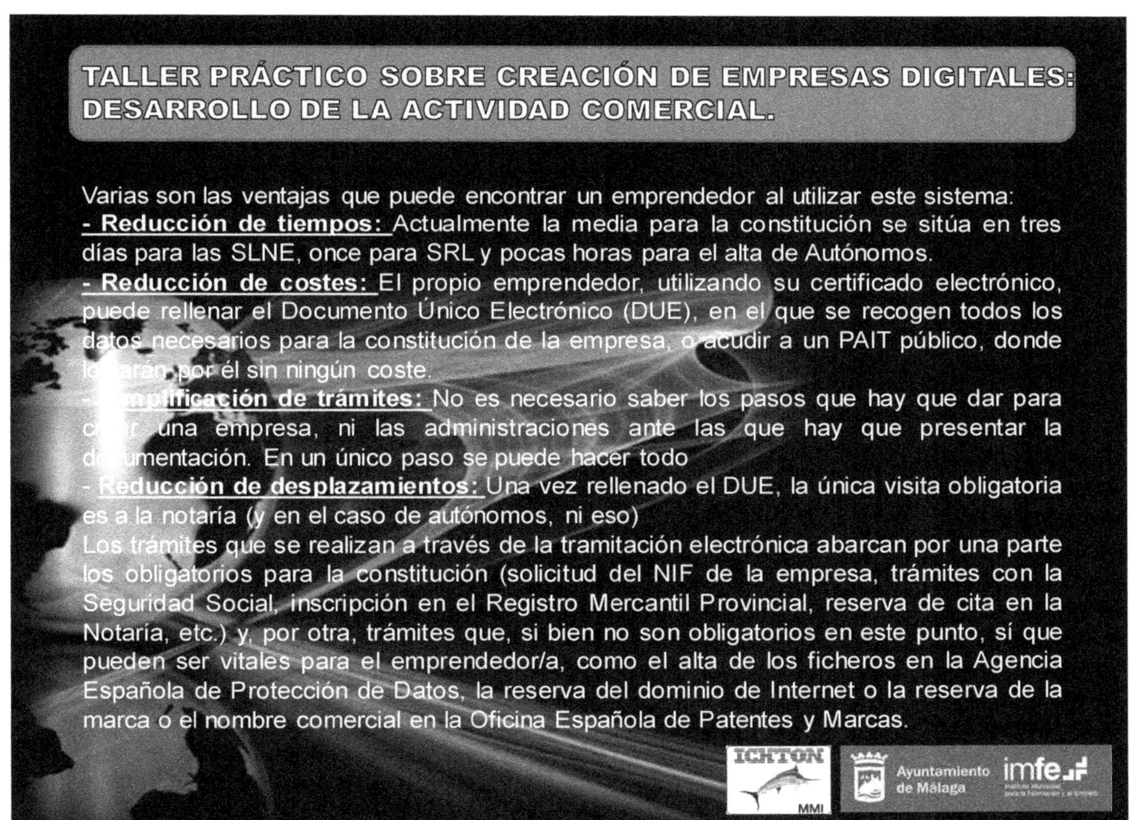
TALLER PRÁCTICO SOBRE CREACIÓN DE EMPRESAS DIGITALES: DESARROLLO DE LA ACTIVIDAD COMERCIAL.
Varias son las ventajas que puede encontrar un emprendedor al utilizar este sistema:
- Reducción de tiempos: Actualmente la media para la constitución se sitúa en tres días para las SLNE, once para SRL y pocas horas para el alta de Autónomos.
- Reducción de costes: El propio emprendedor, utilizando su certificado electrónico, puede rellenar el Documento Único Electrónico (DUE), en el que se recogen todos los datos necesarios para la constitución de la empresa, o acudir a un PAIT público, donde lo harán por él sin ningún coste.
- Simplificación de trámites: No es necesario saber los pasos que hay que dar para crear una empresa, ni las administraciones ante las que hay que presentar la documentación. En un único paso se puede hacer todo
- Reducción de desplazamientos: Una vez rellenado el DUE, la única visita obligatoria es a la notaría (y en el caso de autónomos, ni eso)
Los trámites que se realizan a través de la tramitación electrónica abarcan por una parte los obligatorios para la constitución (solicitud del NIF de la empresa, trámites con la Seguridad Social, inscripción en el Registro Mercantil Provincial, reserva de cita en la Notaría, etc.) y, por otra, trámites que, si bien no son obligatorios en este punto, sí que pueden ser vitales para el emprendedor/a, como el alta de los ficheros en la Agencia Española de Protección de Datos, la reserva del dominio de Internet o la reserva de la marca o el nombre comercial en la Oficina Española de Patentes y Marcas.
ICHTON
MMI
Ayuntamiento de Málaga
imfe

¿Qué pasos hay que seguir en el caso de que me quiera dar de ala como Autónomo para ejercer una actividad profesional?

Las gestiones y organismos correspondientes lo tenemos en la siguiente tabla donde se refleja que formularios y documentación debemos aportar si lo hacemos visitando dichas instalaciones y sacando numerito y perdiendo tiempo en colas interminables y lentas.
Hay algunas diferencias de elegir comenzar como Autónomos (tabla nº1)en lugar de cómo sociedad (tabla nº2)

TRÁMITES	
ORGANISMO	**GESTIONES**
Hacienda	• Alta en la declaración censal del comienzo de actividad (modelo 036). • Etiquetas identificativas.
Tesorería General de la Seguridad Social	• Alta en el régimen especial de trabajadores Autónomos. • Inscripción de la empresa y afiliación de trabajadores (si los fuera a haber).
Instituto Nacional de Empleo (INEM)	• Sellar los contratos de trabajo (si hay trabajadores).
Ministerio de Trabajo	• Comunicar la apertura de centro de trabajo. • Registrar el libro de matrícula (si hay trabajadores) y el libro de visitas. • Solicitar el calendario laboral.
Ayuntamiento	• Solicitar licencia de obras (si es necesaria). • Solicitar licencia de apertura si hay establecimiento para actividades comerciales, industriales o servicios.
Registro de Patentes y Marcas	• Si vamos a usar alguna marca o nombre comercial, o si tenemos un producto susceptible de patente.
Comunidad Autónoma	• Aunque no es lo normal, pueden requerirse en alguna comunidad autónoma otros trámites.

Tabla nº1

En la tabla anterior se enmarca los distintas administraciones que debemos visitar desde sus plataformas webs para iniciar los trámiter correspodientes.

¿Qué pasos he de seguir en la caso de que quiera establecer y crear una sociedad en España?

Hay organismos en común que siempre tendremos referenciados para visitar y estar en continua conversación y comunicación sobre nuestra actividad, por la cuenta que nos trae sino las sanciones irán llegando por falta de formularios a presentar, contabilidades erroneas, errores en contrataciones de personal, y demás comunicaciones con la administración, como licencias de apertura (en el caso que tengamos local comercial), fichero informatizado con la Agencia Estatal de Protección de Datos.

TRÁMITES	
ORGANISMO	**GESTIONES**
Registro Mercantil Central	• Solicitar el nombre de la empresa a nombre de uno de los socios.
Entidad financiera	• Certificado de haber depositado el capital social mínimo.
Notaría	• Constitución de la empresa.
Hacienda	• Pago Impuesto AJD (Actos jurídicos documentados). • Solicitud CIF.
Registro Mercantil	• Inscripción de la empresa
Tesorería General de la Seguridad Social	• Inscripción de la empresa. • Alta de los trabajadores. • Alta del directivo (emprendedor) en el régimen especial de trabajadores autónomos. • Inscripción de la empresa y afiliación de trabajadores (si los fuera a haber).
Instituto Nacional de Empleo (INEM)	• Sellar los contratos de trabajo (si hay trabajadores).
Ministerio de Trabajo	• Libro de matrícula y libro de visitas y calendario laboral. • Comunicación de apertura del centro.
Ayuntamiento	• Solicitar licencia de obras (si es necesaria). • Solicitar licencia de apertura si hay establecimiento para actividades comerciales, industriales o servicios.
Registro de Patentes y Marcas	• Si vamos a usar alguna marca o nombre comercial, o si tenemos un producto susceptible de patente.
Comunidad Autónoma	• Aunque no es lo normal, pueden requerirse en alguna comunidad autónoma otros trámites.

Tabla nº2

Gestiones con la AEAT

Dentro de las gestiones con la Agencia Tributaria AEAT el documento necesario para comenzar nuestra actividad es el Mod. 036 que sacamos rápidamente desde la plataforma y con nuestro Certificado Digital de empresa.
Entraremos en www.aeat.es y localizaremos en las distintas secciones una vez hayamos clickado en la web, donde tendremos a nuestra disposición toda una cartera de servicios electrónicos de envio y recepción de ficheros y comunicaciones.

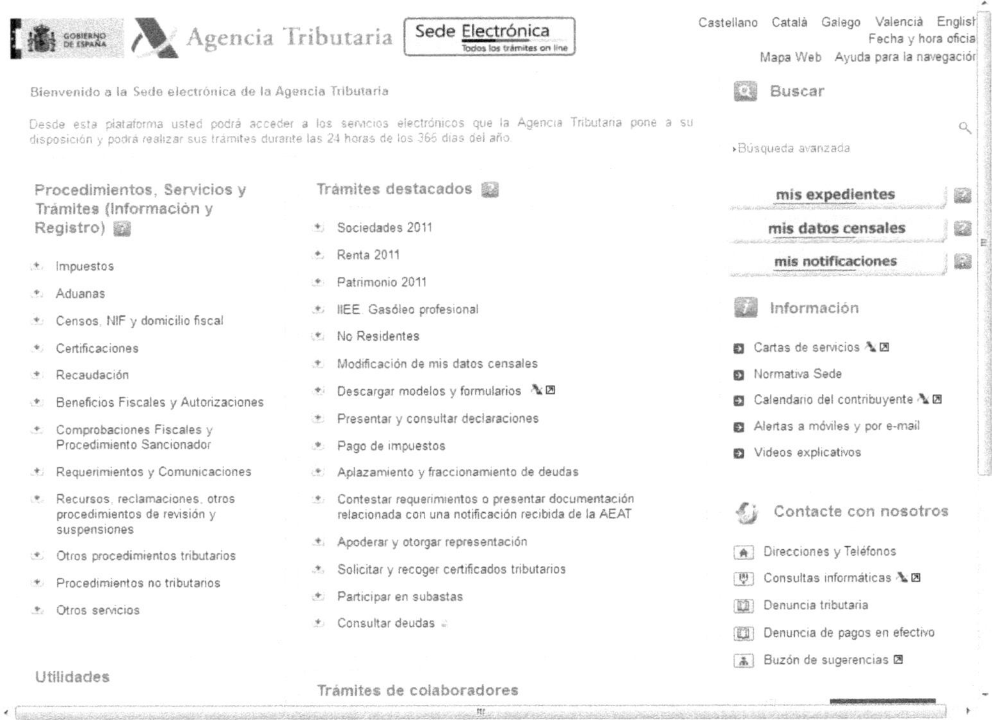

Dede Sede Electrónica y con nuestro Certificado Digital podemos comenzar a darnos de alta el Modelo 036. Lo tenemos disponible con documentos y firmas en la Sección de CENSOS.

Sede Electrónica - Agencia Tributaria › Inicio › Procedimientos, Servicios y Trámites (Información y Registro) › Censos, NIF y domicilio fiscal

Censos

Procedimiento	Trámites	Ficha
Modelos 036 y 037. Censo de empresarios, profesionales y retenedores - Declaración censal de alta, modificación y baja y declaración censal simplificada.	@	
Modelo 030. Censo de obligados tributarios-Declaración censal de alta, cambio de domicilio y/o de variación de datos personales.	@	
IAE. Declaración de alta, variación o baja en el Impuesto sobre Actividades Económicas (IAE) y comunicación del importe neto de la cifra de negocios a efectos de IAE (tramitación ante la Agencia Estatal de Administración Tributaria). Cuando la gestión censal está delegada (en Ayuntamientos, Diputaciones, Comunidades Autónomas, ...) las declaraciones se presentan en la entidad que tiene delegada la gestión censal y con sus propios modelos (esto sólo afecta a las cuotas municipales). (Mod. 840 y 848)	@	
NIF: Asignación de Número de Identificación Fiscal a las personas jurídicas y entidades sin personalidad jurídica.	@	
Rectificación censal.	@	
Comprobación censal- Gestión y control del ROI	@	

Y desde el apartado TRÁMITES podemos hacer las siguientes cosas:

Trámites Ficha

Trámites

- Presentaciones
  - Presentación por lotes 036
  - Cumplimentación y presentación telemática 036
  - Cumplimentación, validación y obtención en PDF para su impresión 036
  - Presentación por lotes 037
  - Cumplimentación y presentación telemática 037
  - Cumplimentación, validación y obtención en PDF para su impresión 037
- Consultas
  - Copia Electrónica (Consulta Íntegra) 036-037
  - Copia Electrónica (Consulta Íntegra) 036 desde septiembre de 2003
  - Copia Electrónica (Consulta Íntegra) 036 hasta septiembre de 2003
  - Verificación de modelos 036-037 presentados a partir del 07/2007 hasta diciembre de 2011
  - Verificación de modelos 036 desde septiembre de 2003 hasta julio 2007
  - Verificación de modelos 036 hasta septiembre de 2003
  - Consulta por rango de fechas 036
  - Consulta por NIF de declaraciones presentadas
  - Censo de módulos
  - Consulta por NIF (entidades jurídicas)

En este trámite podemos tardar más menos 1 hora ya que debemos ser muy meticulosos a la hora de cumplimentar la información, para evitar errores que con el paso de los meses nos pueda afectar como domicilios de actividad, actividad en si, etc…

Por descontado que es un trámite gratuito con Certificado Digital y desde nuestro ordenador, si visitamos físicamente la administración los formularios los venden por 3,50€.

Os recomiendo tener cuidado de que no expiren sesiones del navegador para que no perdamos datos, para ello es necesario entrar en la configuración de vuestro Navegador con Certificado Digital y concretar el tiempo de expiración de sesión, si suponemos que dejamos el ordenador temporalmente mientras hacemos otras cosas, lo ideal es dedicar todo el tiempo necesario a cumplimentar dichas pantallas y pulsar enviar y firmar los formularios.

Es muy importante descargarnos en formato .PDF (Acrobat Reader) ó software similar que lea este tipo de ficheros, una copia exacta de lo que hemos enviado, que es el Alta en la Agencia Tributaria del Modelo 036 de Censo de Comienzo de Actividad.

Este Mod. 036 es necesario sacarlo tanto para empresarios autónomos como para sociedades mercantiles.

Estos modelos en .Pdf los iremos almacenando y recopilando para cuando llegue el momento, que instalemos nuestro entorno de gestión documental para toda nuestra documentación de la empresa en formato digital. Dicha herramienta la veremos en el aparato de software y entorno informático.

GOBIERNO DE ESPAÑA Agencia Tributaria Sede Electrónica Todos los trámites on line

Declaración censal de alta, modificación y baja en el Censo de Empresarios, Profesionales y Retenedores. Modelo 036

IMPORTAR GUARDAR 1 2A 2B 2C 3 C 4 C 5 6 7 8 C NUEVA ENVIAR

[126] Modificación datos representantes. (página 3)
[127] Modificación datos relativos a actividades económicas y locales. (página 4)
[128] Modificación de la condición de Gran Empresa o Admón. Pública de presupuesto superior a 6.000.000 de euros. (página 5)
[129] Solicitud de inscripción/baja en el registro de devolución mensual. (página 5)
[130] Solicitud de alta/baja en el registro de operadores intracomunitarios. (página 5)
[131] Modificación datos relativos al Impuesto sobre el Valor Añadido. (página 5)
[132] Modificación datos relativos al Impuesto sobre la Renta de las Personas Físicas. (página 6)
[133] Modificación datos relativos al Impuesto sobre Sociedades. (página 6)
[134] Modificación datos relativos al Impuesto sobre la Renta de no Residentes correspondiente a establecimientos permanentes o a entidades en atribución de rentas constituidas en el extranjero con presencia en territorio español. (página 6)
[135] Opción/renuncia por el Régimen fiscal especial del Título II de la Ley 49/2002. (página 6)
[136] Modificación datos relativos a retenciones e ingresos a cuenta. (página 7)
[137] Modificación datos relativos a otros Impuestos. (página 7)
[138] Modificación datos relativos a regímenes especiales del comercio intracomunitario. (página 7)
[139] Modificación datos relativos a la relación de socios, miembros o partícipes. (página 8)
[140] Dejar de ejercer todas las actividades empresariales y/o profesionales (personas jurídicas y entidades, sin disolución. Entidades inactivas).
[141] Fecha efectiva del cese
/ /

C) Baja
[150] Baja en el censo de empresarios, profesionales y retenedores.
[151] Causa

[152] Fecha efectiva de la baja
/ /

LUGAR, FECHA Y FIRMA
Lugar Fecha / / Firma en calidad de
Firmado: D/D.ª:

Formulario electrónico a cumplimentar para darnos de alta en el Mod. 036 de Actividades económicas con la AEAT. Se tiene que cumplimentar varias pantallas con inserción de datos, casillas de verificación (X) y selección de datos con barras de lista desplegables.

Gestiones con la Seguridad Social

En esta otra administración debemos entrar con nuestro Certificado Digital desde la web www.seg-social.es para darnos de alta en algo tan importante como es nuestro RETA de autónomos, esta alta, este documento certificará vuestra nueva actividad empresarial, es necesario para ambas actividades ya sea como emprendedor Autónomo como actividad profesional, ó como Administrador de una sociedad mercantil.
La carta de servicios que podemos utilizar desde la web de la Seguridad Social son:

- **Comunicación de Enfermedades Profesionales. Aplicación CEPROSS.** Con este servicio las entidades gestoras y las colaboradoras en la gestión de la Seguridad Social comunicaran los partes de enfermedad profesional.

- **Comunicación de Patologías no Traumáticas Causadas por el Trabajo A.T. (Accidentes de Trabajo) PANOTRATSS** Gestión y mantenimiento de comunicación de Patologías no Traumáticas Causadas por el Trabajo A.T. por parte de las diferentes entidades gestoras y colaboradoras de la Seguridad Social.

- **Comunicación de teléfono y correo electrónico del empresario** A través de este servicio se podrá realizar la anotación y/o modificación del teléfono móvil, teléfono fijo y correo electrónico.

□ **Confirmación de asignación de CCCs o NAFs a un autorizado RED.** A través de este servicio las empresas y profesionales podrán confirmar la asignación de sus Códigos de Cuenta de Cotización o de su Número de Afiliación al autorizado RED que lo ha solicitado.

□ **Consulta de autorizados RED que gestionan una empresa.** A través de este servicio las empresas podrán consultar los autorizados RED que gestionan sus Códigos de Cuenta de Cotización.

□ **Informe de Situación de Empresario Individual.** A través de este servicio el empresario individual podrá obtener un informe de cada uno de sus Códigos de Cuenta de Cotización.

□ **Solicitud de alta en el Régimen Especial de Trabajadores por Cuenta Propia o Autónomos.** A través de este servicio el trabajador puede solicitar su alta en el Régimen Especial de Trabajadores por Cuenta Propia o Autónomos dentro del sistema de la Seguridad Social.

□ **Solicitud de baja en el Régimen Especial de Trabajadores por Cuenta Propia o Autónomos.** A través de este servicio el trabajador puede solicitar su baja en el Régimen Especial de Trabajadores por Cuenta Propia o Autónomos dentro del sistema de la Seguridad Social.

□ **Solicitud de Inscripción y Asignación de CCC para empresario individual** A través de este servicio el empresario individual puede solicitar la asignación de código de cuenta principal y código de cuenta secundario.

□ **Verificación de Documentos e Informes mediante huella.** Con este servicio las personas, empresas o entidades pueden verificar la autenticidad de los informes emitidos por la Tesorería General de la Seguridad Social.

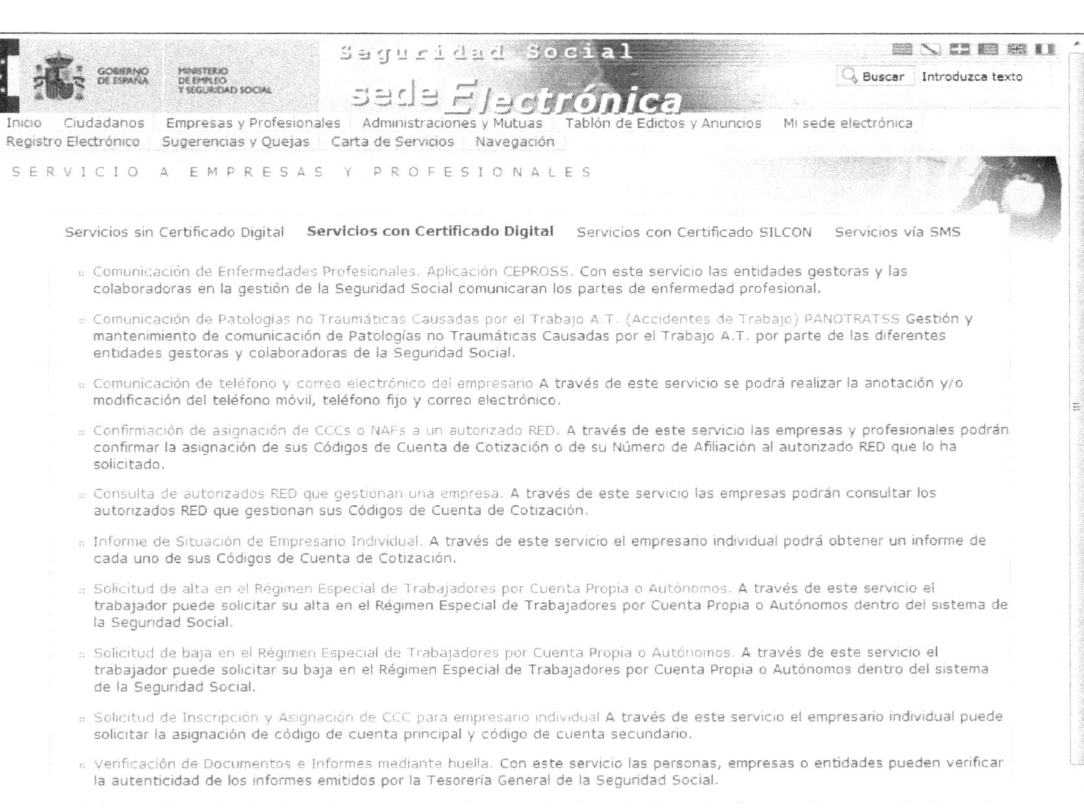

Seguridad Social
sede Electrónica
GOBIERNO DE ESPAÑA
MINISTERIO DE EMPLEO Y SEGURIDAD SOCIAL
Buscar
Introduzca texto
Inicio | Ciudadanos | Empresas y Profesionales | Administraciones y Mutuas | Tablón de Edictos y Anuncios | Mi sede electrónica
Registro Electrónico | Sugerencias y Quejas | Carta de Servicios | Navegación
SERVICIO A EMPRESAS Y PROFESIONALES
Consulta de autorizados RED que gestionan una empresa.
Acceso al servicio
Ámbito
Empresas, incluyendo empresarios individuales que tengan Códigos de Cuenta de Cotización inscritos en el ámbito de la Seguridad Social.
Descripción
Mediante este servicio las empresas podrán consultar si sus Códigos de Cuenta de Cotización están asignados o no a un autorizado RED en el momento de la consulta. Los empresarios individuales, además de los Códigos de Cuenta de Cotización, podrán consultar si su Número de Afiliación está asignado o no a un autorizado RED.
En el caso de que el CCC o NAF se encuentre actualmente asignado a un autorizado, permitirá consultar además los detalles de la misma.
Así mismo, a través de este servicio y para cada CCC y/o NAF, se podrá consultar un histórico de los autorizados RED a los que han estado asignados.
Requisitos
Para acceder a este servicio es necesario disponer de un certificado digital incluido en la lista de certificados admitidos, así como cumplir con el resto de requisitos técnicos.
Además, en el caso de que este certificado no se haya obtenido en una oficina de la Seguridad Social los datos identificativos del certificado digital deben coincidir con los que la Seguridad Social tenga.
Documento | Descarga del fichero | Formato | Tamaño | Fecha
Manual Consulta autorizados RED que gestionan una empresa | PDF | 1668 Kb | 16/02/2012
Información sobre documentos PDF:

La siguiente pantalla muestra el acceso por Certificado Digital, que nos pedirá la plataforma en el momento que queremos entrar en alguna gestión dentro de los servicios que disponemos, en la pantalla anterior viene reflejados todos ellos.
Si hemos clickado en conocer que autorizados RED gestionan una empresa por poner un ejemplo. Es sólo un apartado dentro de la hoja de servicios que con la Seguridad Social podemos gestionar con nuestro Certificado Digital.
Para darnos **Solicitud de alta en el Régimen Especial de Trabajadores por Cuenta Propia o Autónomos.** A través de este servicio el trabajador puede solicitar su alta en el Régimen Especial de Trabajadores por Cuenta Propia o Autónomos dentro del sistema de la Seguridad Social.

Los trámites con el INEM (entidad que ya no existe ahora el nuevo organismo se denomina SEPE y depende del Gobierno de España y del Ministerio de Empleo y Seguridad Social http://www.sepe.es
El Registro Electrónico te permite interactuar electrónicamente con el Servicio Público de Empleo Estatal (SEPE) para la presentación de escritos, solicitudes y comunicaciones relativas a los procedimientos administrativos especificados en su orden de creación y de todos los que se vayan habilitando los cuales se irán publicando.

Para utilizar el Registro Electrónico es necesario disponer de un DNI electrónico u otro certificado digital reconocido.

Dentro de la hoja de servicios telemáticos de SEPE tenemos un listado de servicios que están dividios por Ciudadania, Empresas y Entidades Sin Animo de Lucro.

Dentro de empresas podemos notificar Certificados de Empresas, algunas subvenciones a la contratación de personal y lo haremos cuando tengamos trabajadores y tengamos que dar de alta el Nª C/Cotización de la Seguridad Social, sellar los contratos de trabajo.

Gestiones Telemáticas para Empresas dentro del SEPES.

Recursos

- Recursos de alzada. Rᵉ
- Recursos extraordinarios de revisión. Rᵉ

Protección por desempleo

- Certific@2:
  - Comunicación de Periodos de Actividad. Rᵉ
  - Comunicación de Certificados de Empresa. Rᵉ
  - Comunicación de altas iniciales por expedientes de regulación de empleo por empleadores y empleadoras. Rᵉ
  - Consulta de Certificados de Empresa por el empresario o la empresaria.

Empleo

- Solicitud de calificación de proyectos y empresas como I+E. R^e
- Solicitud de concesión de subvenciones para contratación indefinida de personas con discapacidad. R^e
- Solicitud de concesión de subvenciones para la creación y mantenimiento de puestos de trabajo para personas con discapacidad en Centros Especiales de Empleo y de calificación y registro de los mismos R^e
- Solicitud de concesión de subvenciones para el establecimiento de trabajadores autónomos. R^e
- Solicitud de declaración de excepcionalidad y autorización para la aplicación de las medidas alternativas en orden al cumplimiento de la obligación de reserva de empleo en favor de personas con discapacidad. R^e
- Agencias de Colocación.
    - Solicitud para la autorización de Agencias de Colocación R^e
    - Solicitud de ampliación del ámbito de actuación de Agencias de Colocación R^e

Procedimiento de concesión de subvenciones tramitado en régimen de concurrencia competitiva cuya solicitud estará disponible una vez aprobada la correspondiente convocatoria:

- Solicitud para la concesión de subvenciones en el año 2011, para la realización de un programa de formación e inserción laboral de demandantes de empleo en tecnologías de la información y de las comunicaciones. R^e
- Solicitud de concesión de subvenciones para el fomento del desarrollo local e impulso de proyectos y empresas calificados como I+E. R^e

Contratos

- Comunicación de contratos laborales.
- Registro de contratos de trabajadores autónomos económicamente dependientes (TAED). R^e

La OEPM

Los trámites con la OEPM (Oficina Española de Patentes y Marcas) son de una gran utilidad pese a que España es un país donde se registran y patentan pocas cosas, parece que sólo las grandes multinacionales pueden patentar invenciones, registrar marcas ó distintivos y trabajar con modelos de utilidad nacional y mundial, la espuesta es un NO rotundo todo el mundo pude registrar muy rápidamente su marcar registrada ® y proteger un logotipo, distintivo ó terminio para uso empresarial y comercial. En las siguientes líneas os propondré registrar vuestro logotipo de empresa de forma digital y tenerlo protegido durante 20 años.
Según la OEPM en su introducción sobre **¿Qué es la Propiedad Industrial y qué se puede proteger?**

Gracias a la Propiedad Industrial se obtienen unos derechos de exclusiva sobre determinadas creaciones inmateriales que se protegen como verdaderos derechos de propiedad.

En España hay varios tipos de derechos de Propiedad Industrial:

- **Diseños industriales**: protegen la apariencia externa de los productos

- **Marcas y Nombres Comerciales (Signos Distintivos)**: protegen combinaciones gráficas y/o denominativas que ayudan a distinguir en el mercado unos productos o servicios de otros similares ofertados por otros agentes económicos.

- **Patentes y modelos de utilidad**: protegen invenciones consistentes en productos y procedimientos susceptibles de reproducción y reiteración con fines industriales

- **Topografías de semiconductores**: protegen el (esquema de) trazado de las distintas capas y elementos que componen un circuito integrado, su disposición tridimensional y sus interconexiones, es decir, lo que en definitiva constituye su "topografía".

Para cada uno de estos derechos hay una legislación aplicable, siendo los textos básicos los siguientes:

- Patentes y Modelos. **Ley 11/86 de 20 de marzo, de patentes de invención y modelos de utilidad**

- Signos Distintivos **Ley 17/2001 de 7 de diciembre de marcas**

- Diseños Industriales **Ley 20/2003, de 7 de julio, de protección jurídica del diseño industrial**

- Topografías de semiconductores **Ley 11/1988, de 3 de mayo de protección jurídica de las topografías de los productos semiconductores**

Los derechos de Propiedad Industrial permiten a quien los ostenta decidir quién puede usarlos y cómo puede usarlos.

Dichos derechos se otorgan mediante un procedimiento por el organismo competente (en España la Oficina Española de Patentes y Marcas) y la protección que dispensan se extiende a todo el territorio nacional.

Si lo que queremos registrar es a nivel mundial, debemos comenzar unos trámites PCT.

Es muy importante que antes de registrar directametne nuestro distintivo ó marca registrada, hagamos una inmersión para detectar que no haya nada similar registrado, parecido o que nos pueda

afectar a nuestra imagen o en peor caso que podamos afectar a otras firmas con lo que podemos encontrarnos en medio de una querella, denuncia judicial por parte de la empresa o particular registrador.
Podemos consultar toda esta información de las bases de datos de las entidades y organismos internacionales que almacenan cientos de miles de expedientes.
Un ejemplo de consulta gratuita a través de esta pantalla:

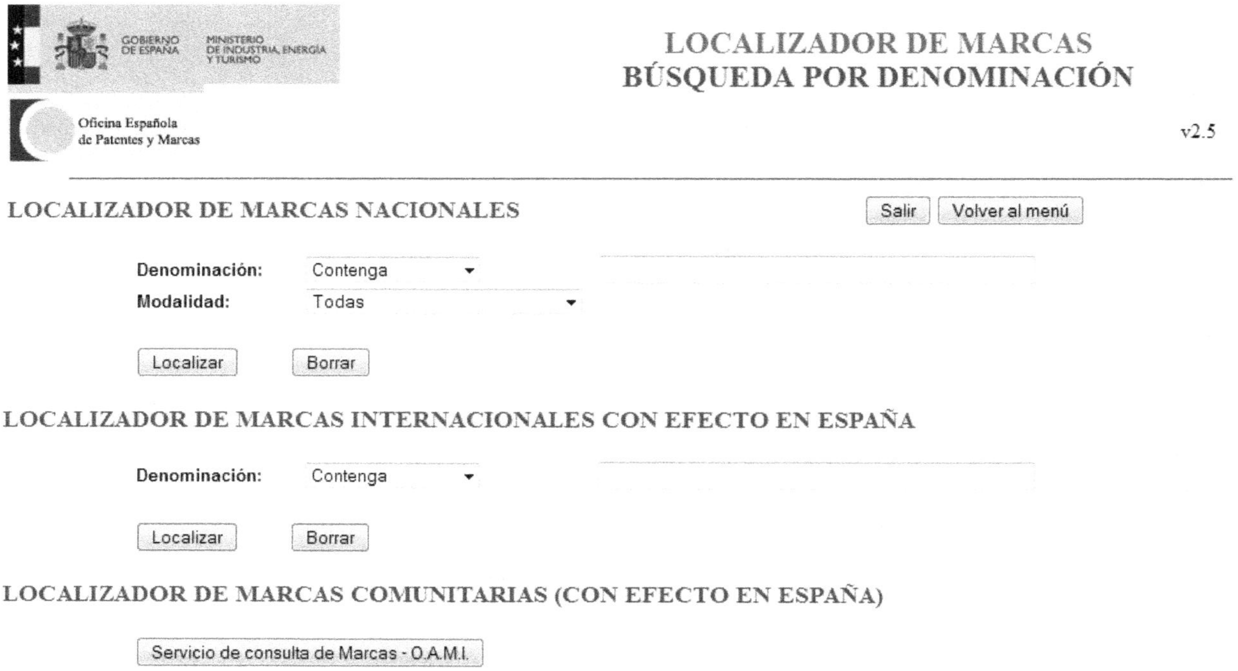

GOBIERNO DE ESPAÑA MINISTERIO DE INDUSTRIA, ENERGÍA Y TURISMO

Oficina Española de Patentes y Marcas

LOCALIZADOR DE MARCAS
BÚSQUEDA POR DENOMINACIÓN

v2.5

LOCALIZADOR DE MARCAS NACIONALES

Salir | Volver al menú

Denominación: Contenga

Modalidad: Todas

Localizar | Borrar

LOCALIZADOR DE MARCAS INTERNACIONALES CON EFECTO EN ESPAÑA

Denominación: Contenga

Localizar | Borrar

LOCALIZADOR DE MARCAS COMUNITARIAS (CON EFECTO EN ESPAÑA)

Servicio de consulta de Marcas - O.A.M.I.

GOBIERNO DE ESPAÑA
MINISTERIO DE INDUSTRIA, ENERGÍA Y TURISMO

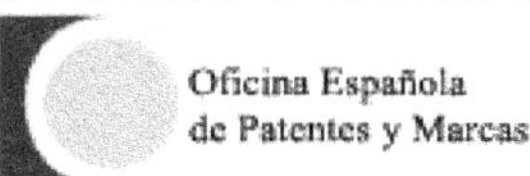
Oficina Española de Patentes y Marcas

Fecha de la consulta
lunes 7 de enero de 2013

Salir Otra Consulta Volver

Información relacionada con el expediente:
N 0301176

Titular	ICHTON SOFTWARE S.L
Denominación	**ICHTON**
Tipo Distintivo	Denominativo con caracteres estándar
Situación	EN VIGOR: PUBLICACION CONCESION
Fecha de situación	23/08/2011
Clasificación de Niza	42
Clasificación de Viena	NO APLICABLE CLASIFICACIÓN DE VIENA

Niza	Productos/Servicios
42	SERVICIOS CIENTIFICOS Y TECNOLOGICOS, ASI COMO SERVICIOS DE INVESTIGACION Y DISEÑO EN ESTOS AMBITOS; SERVICIOS DE ANALISIS E INVESTIGACION INDUSTRIALES; DISEÑO Y DESARROLLO DE EQUIPOS INFORMATICOS Y DE SOFTWARE.

En la siguiente gráfica tomado de las estadísticas oficiales que se publican anualmente (2011 ya que 2012 todavía no ha salido publicada) sobre registros y patentes, hay un dato muy alarmante que nos afecta como españoles y como país es la escasa demanda de registros y patentes de empresas españolas (3.628), mostrando unos índices bajos pero la enorme expansión de registros y patentes de empresas y países europeos que afectan a España via Europea y cia PCT 82.567 + 182.120.

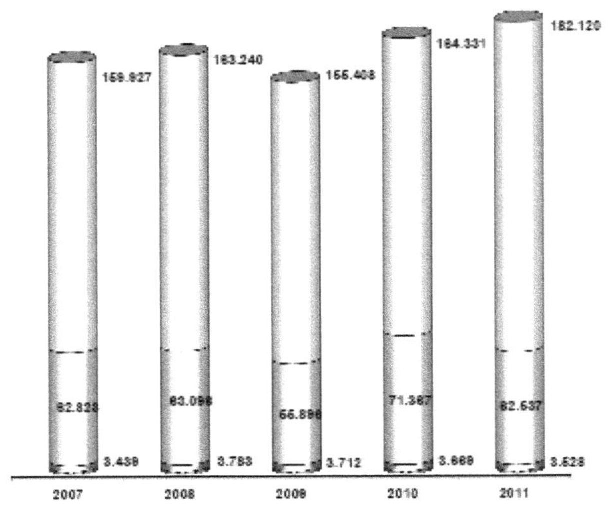
Gráfico I.1. EVOLUCION DE LAS SOLICITUDES DE PATENTES CON EFECTOS EN ESPAÑA
163.240
164.331
182.120
3.712
2007
2008
2009
2010
2011
Vía Nacional : son solicitudes de patentes nacionales.
Vía Europea directa : son las solicitudes de patentes europeas directas que designan a España.
Vía PCT : comprenden las solicitudes Euro-PCT que designan a España y las PCT que entran en fase nacional.

En el BOPI (Boletín Oficial de la Propieda Industrial) se inscriben y se publican todas las concesiones de patentes, marcas y otros registros realizados en diferentes periodos. Podemos localizar dentro de unas fechas aquellas marcas y patentes registras, con que denominaciones, en que consisten y el nombre del titular, empresa ó particular.

Otra forma rápida de localizar expedientes de marcas, patentes etc… es desde CONSULTA DE EXPEDIENTES es muy importante conocer previamente que existe ya registrado para no entrar en pleitos y conseguir registrar nuestra marca ó distintivo de producto o empresa que este libre.

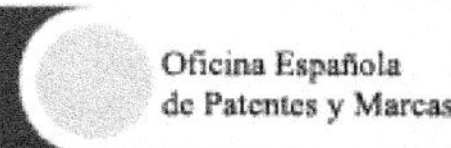

Consulta de expedientes

Resultado de la consulta

Modalidad: P   Número: 200701607   Bis: Tipo: Fecha: 07/01/2013 13:26:02

```
PATENTE INVENCION     NR.PUBLICACION OEPM: 2334531
FECHA ENTRADA: 11.06.2007 13:42
FECHA PRESENTACION: 11.06.2007
FECHA PUBLICACION:  11.03.2010
FECHA CONCESION:    21.01.2011
NUMERO DE PUBLICACION: ES2334531,
TITULO: PRODUCTO A BASE DE LIMON FORMADO POR MEDIAS RODAJAS DE LIMON Y HIELO
 ENVASADOS.
TITULAR:        SANCHEZ MORALES, MARTIN ANGEL
DOMICILIO:      AVDA GREGORIO DIEGO N. 27 - 4A
CODIGO POSTAL: 29004
LOCALIDAD:      MALAGA
PROVINCIA:      29 MALAGA
PAIS:           ES ESPAÑA
AGENTE: Sin agente
- - - - - - - - - - - - - - - - INVENTORES - - - - - - - - - - - - - - - -
     01.- SANCHEZ MORALES, MARTIN ANGEL
- - - - - - - - - - - - - -  CLASIFICACIONES  - - - - - - - - - - - - - -
CIP INVENCION PUBLICACION: A23L 2/56, C12G 3/06,
```

En una consulta de expedientes, por modalidad, tipo etc, podemos descubrir rápidamente que pantentes existen, que marcas registradas, distintivos etc…

La clasificación del distintitvo ó la marca son de gran importancia ya que deben guardar relación con la actividad que vamos a desarrollar en un fututo.

En el siguiente punto a tratar, vamoa a realizar todos los pasos necesarios a nivel telemático para registrar en la OEPM una marca registrada ® que garantice un blindaje corporativo en referencia a nuestra empresa con los mercados, la competencia y terceras empresas que atenten contra nuestros productos e imagen en internet.

El trámite burocrático suele ser bastante largo con pagos de diferentes tasas, pero conseguiremos reducir bastante los costes si todo se realiza de forma electrónica, tanto el envio y cumplimentación de los formularios oficiales, pago electrónico de tasas, seguimiento del estado del registro, así como respuestas con los técnicos y administrativos de la OEPM.

Link de la OEPM relacionada con la guía del solicitante, que no está de más comprenderlo.
http://www.oepm.es/comun/documentos_relacionados/PDF/manualDelSolicitante.pdf

Link telemático de la OEPM para realizar una neorme cantidad de procdimientos y registros diferentes con Certificado Digital.

https://sede.oepm.gob.es/eSede/es/index.html

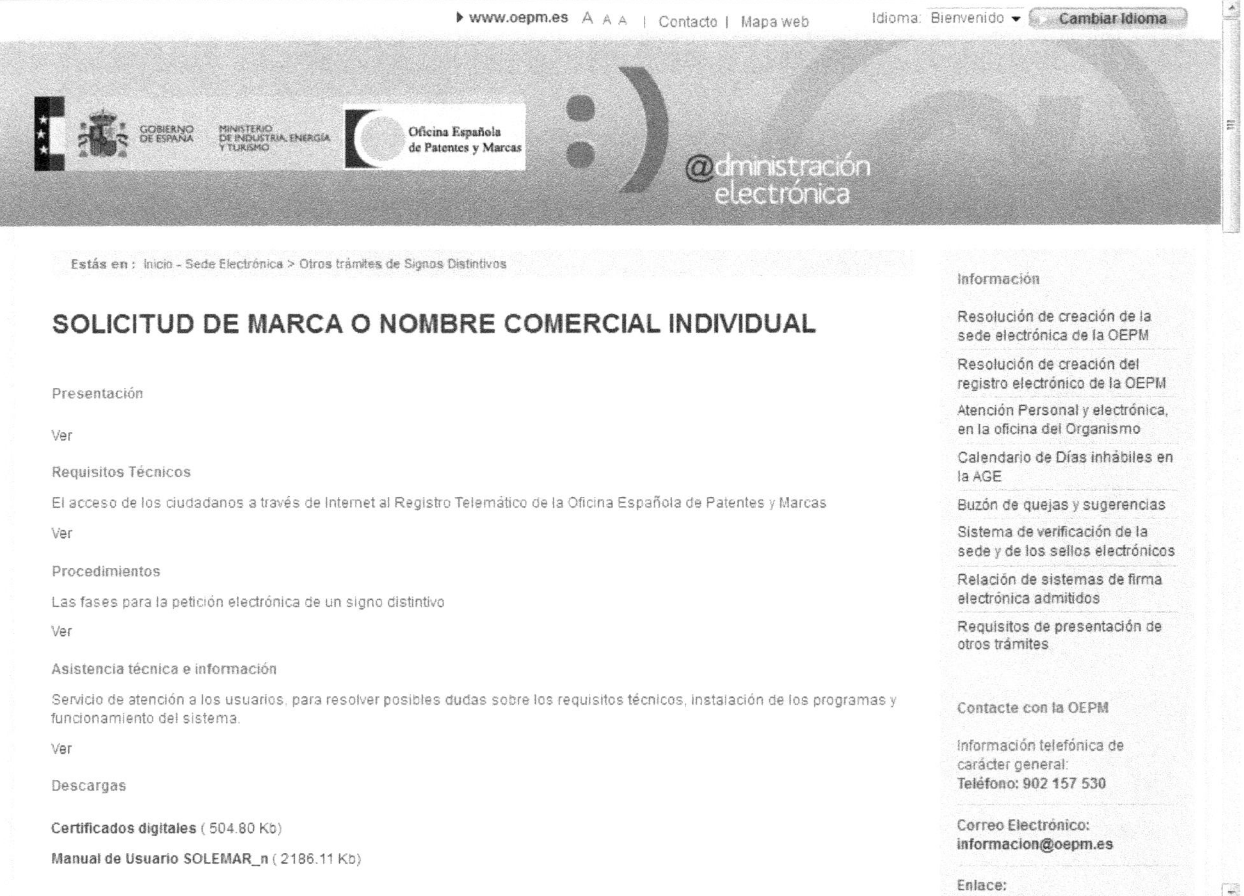

Figura nº1 donde se muestra la pantalla de Solicitud de Marcas Registradas

Lugar de descargas de Formularios para firmarlos digitalmente
https://ceres.oepm.es/solemar_n/index.jsp

Requisitos Técnicos

El acceso de los ciudadanos a través de Internet al Registro Telemático de la Oficina Española de Patentes y Marcas se realizará a través de:

1. Sistema operativo Windows 98 ó superior.
2. Internet Explorer 6 ó superior. (Se recomienda Google Chrome y Firefox).
3. Adobe Reader 9.0 ó superior. Descarga Adobe Reader.

Para acceder a los servicios facilitados por el Registro Telemático de la Oficina Española de Patentes y Marcas los interesados deberán estar en posesión del DNI electrónico u otro certificado que cumpla con la recomendación UIT X.509.V3 (ISO/IEC 9594-8 de 1997 o posterior) emitidos por un Prestador de Servicios de Certificación que permita la firma electrónica avanzada y que sea reconocido por la Administración Pública.

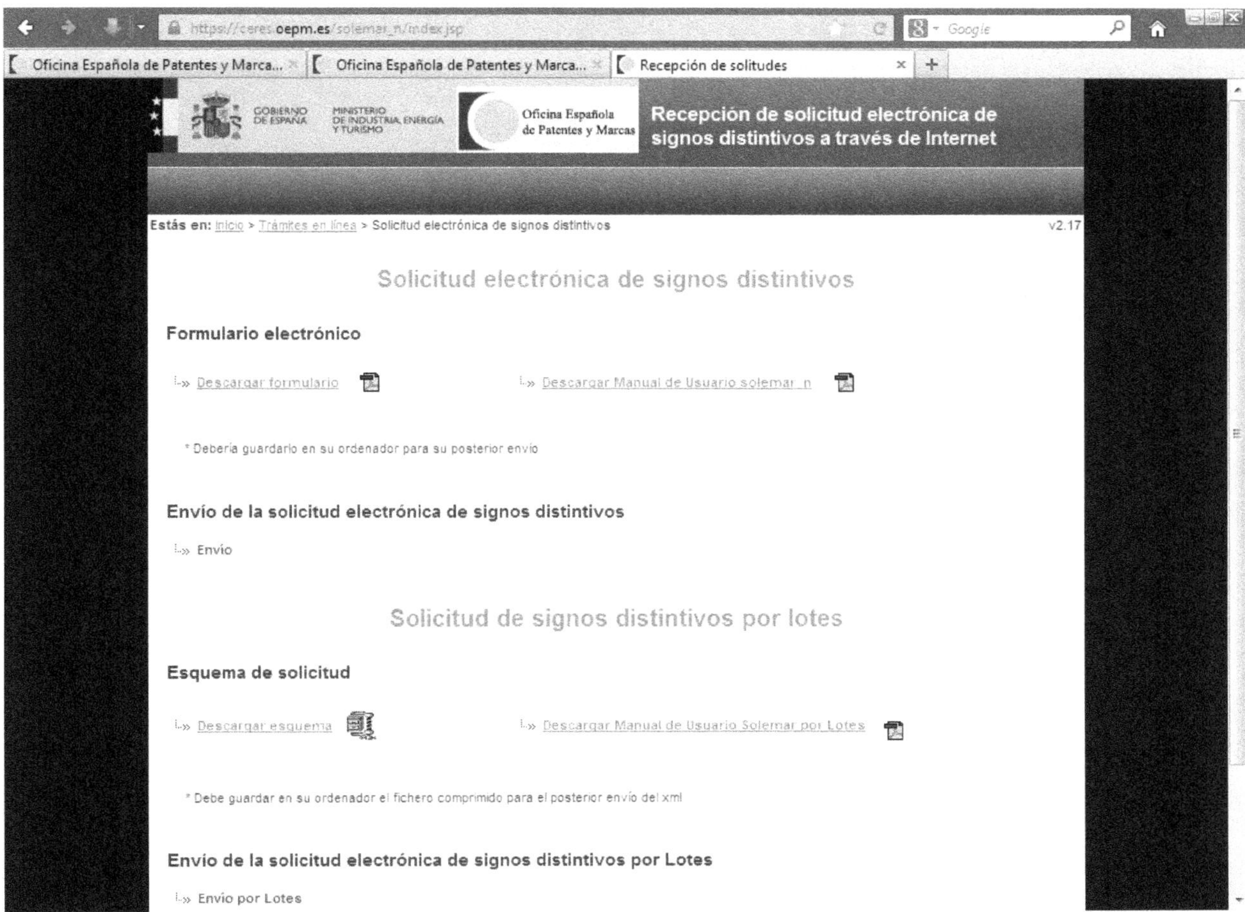

Figura nº2 donse se muestra la descarga de ficheros .PDF para cumplimentar y rellenar correctamente y enviar firmados desde la opción de ENVIO.

El modelo de formulario de Solicitud de marca registrada consta de 16 páginas, pero de fácil cumplimentación. Es muy importante saber que una vez que lo cumplimentemos lo podemos ENVIAR desde el mismo lugar donde nos lo descargamos. Respecto a la presentación podemos decir lo siguiente:

Presentación

Este servicio permite solicitar en línea, de manera sencilla, una marca o un nombre comercial individual rellenando el correspondiente formulario electrónico. La utilización del mismo exige pagar simultáneamente la tasa de solicitud o bien haberla abonado previamente de modo telemático. Para ello, cuando se lo solicite la aplicación al final del proceso de cumplimentación del formulario electrónico de solicitud, deberá:

En caso de pago simultáneo, entrar en la pasarela de pagos y seguir las indicaciones de la misma.

En caso de pago previo telemático, introducir el número del código de barras del justificante de pago que ya obre en su poder en el campo correspondiente que le indique la aplicación.

Las ventajas que presenta este servicio para los usuarios del mismo es que al presentar la solicitud electrónica:

Recibirá una copia de su solicitud sellada por la OEPM, por correo electrónico. En caso de no recibirla deberá ponerse en contacto con la OEPM. NO reenvíe su solicitud en ningún caso, se producirían duplicaciones indeseadas.

- Obtendrá una verificación en línea que controlará la corrección de su presentación y asegurará su fecha de presentación.Dispondrá del número de registro de su solicitud en el momento.
- Podrá imprimir los datos de su formulario una vez rellenado.
- Podrá almacenar en su PC la copia (justificante recibido) de la solicitud presentada.
- Tendrá acceso a una ayuda en línea de fácil manejo.
- Tendrá una reducción del 15% en las tasas de solicitud.

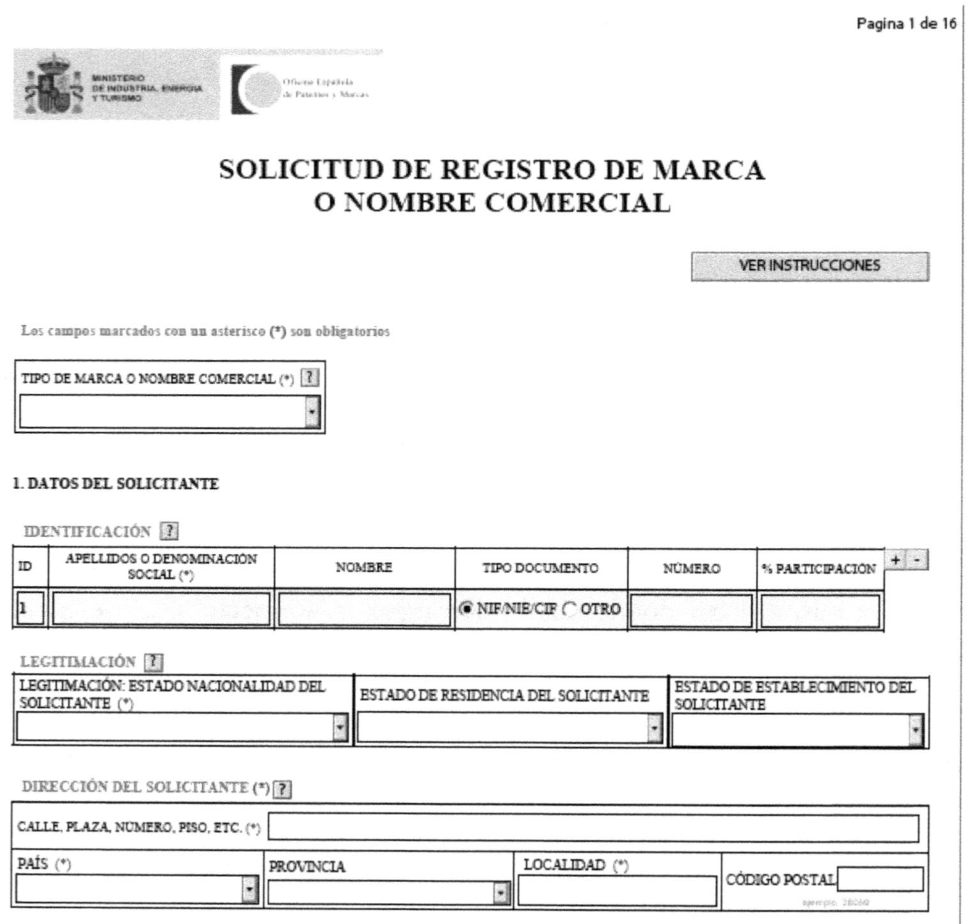

Pagina 1 de 16

MINISTERIO DE INDUSTRIA, ENERGÍA Y TURISMO

SOLICITUD DE REGISTRO DE MARCA O NOMBRE COMERCIAL

VER INSTRUCCIONES

Los campos marcados con un asterisco (*) son obligatorios

TIPO DE MARCA O NOMBRE COMERCIAL (*) ?

1. DATOS DEL SOLICITANTE

IDENTIFICACIÓN ?

ID	APELLIDOS O DENOMINACIÓN SOCIAL (*)	NOMBRE	TIPO DOCUMENTO	NÚMERO	% PARTICIPACIÓN
1			NIF/NIE/CIF OTRO		

LEGITIMACIÓN ?

LEGITIMACIÓN: ESTADO NACIONALIDAD DEL SOLICITANTE (*)	ESTADO DE RESIDENCIA DEL SOLICITANTE	ESTADO DE ESTABLECIMIENTO DEL SOLICITANTE

DIRECCIÓN DEL SOLICITANTE (*) ?

CALLE, PLAZA, NUMERO, PISO, ETC. (*)

PAÍS (*)	PROVINCIA	LOCALIDAD (*)	CÓDIGO POSTAL

Consejos para registrar una buena marca

Os recomiendo antes de nada, tener muy claro y no a la primera, sino tras diversos estudios del mercado que marca serán interesante registrar de acuerdo a los productos ó servicio que vayamos a desarrollar, comercializar ó prestar a particulares o a pymes.
¿Qué tipo de nomenclator?, ¿Termino español, anglosajón? (está muy de moda términos como alinkindoin que viene de "Look and do it", Host Papas, Inverem, etc…

TIPS PARA ELEGIR UN BUEN NOMBRE DE MARCA

Según **Kenny Cordova** Consultor en Identidad Corporativa y Branding, el en su blog particular propone y comparte algunso tips y dar algunas luces para cuando llega el momento decisivo de un emprendimiento: elegir el nombre. Dijimos anteriormente que el activo más valioso que puede tener a la larga una empresa o marca es su nombre. Por ello valdrá la pena tomarse el tiempo necesario en su creación.

Elige un nombre único y descriptivo

Se trata de que el nombre hable al cliente de la ventaja principal del producto. Un nombre que no dice nada, no tendrá la fuerza suficiente para penetrar en la mente de la gente. Por esta razón es importante considerar que en lo posible, el nombre debe evocar la palabra clave de la marca (la idea del negocio).

Un nombre como Duracell para una pilas alcalinas es acertado, sobre todo si la ventaja clave de está es "mayor duración" que el resto que la competencia. También Nike (la diosa de la "victoria" en la cultura griega)para unas zapatillas cómodas que lo usan los mejores deportistas del mundo. O tal vez Ray-Ban (un juego de palabras que en inglés se entiende como "prohibido los rayos") para el primer lente que incorpora un tipo de material que elimina los rayos ultravioletas.

En resumen, tratar de encontrar un nombre "casi" genérico es la clave. Digo "casi" por que puede ocurrir que uno se pase a un nombre completamente genérico. A la larga esto no es lo más apropiado.

Sugerencias: justo cuando estés intentando crear el nombre, por supuesto ya definidas las palabras claves de la marca, conviene que hagas ciertas "combinaciones" o "fusiones" de estas palabras. Por ejemplo Cremfrut o Frutcrem para helados cremosos y frutados. Aquí lo más importante es que "suene bien" y "evoque" la marca.(un nombre único). También puedes usar un diccionario o en su defecto un procesador de palabras (MS Word) que te dará los sinónimos respectivos de las palabras claves. ¡Ten paciencia!

Elige un nombre que sea simple y corto

Esto es totalmente cierto acerca de un nombre memorable.

Cuanto más simple el nombre - fácil de recordar- más pegadizo será en la mente de la mayoría de la gente.
Para advertir este punto, primero es necesario comprender cómo funciona la mente humana. La mayoría de las mentes (el mercado) detestan la complejidad. A mayor saturación psicológica, la mente se cierra más. Pero un nombre memorable "abre" el proceso de posicionamiento.

Y la mejor forma de entrar en la mente es simplificando el mensaje.

Imagínense, en un supermercado promedio existen miles de productos en las estanterías. Una marca tendrá que abrirse paso entre decenas de competidores de la misma categoría. Un nombre único iniciará el proceso de posicionamiento más fácilmente. Esta idea también es aplicable a los proyectos en Internet. En la Web, el tamaño corto del nombre es una ventaja competitiva.

Sugerencias: Trata de usar palabras fáciles de recordar, incluso si son inventadas. Si te es posible encontrar un nombre de 2 silabas, mucho mejor (por ejemplo: Red-Bull, Goo-gle, Ti-go). Esto ayudará eficazmente en la construcción de la marca. No hay que preocuparse mucho de la parte literal del nombre, como dijimos líneas arriba, lo que importa es un buen sonido.

Elige un nombre que no se asocie con ninguna ubicación geográfica.

¿Qué sucederá al negocio con un nombre como "Hamburguesas Zaragoza", cuando intente expandirse en otros países de Europa? Su nombre lo delatará vaya donde vaya. Ni que decir a nivel Global. La cuestión aquí es que la percepción es la realidad.

(Un ejemplo de esto es la aerolínea nacional de Bolivia, Aerosur. AeroSur no solo vuela al "sur" de Bolivia, también vuela a todo el norte de Bolivia, incluyendo internacionalmente al país del norte, EE.UU.).

Algo importante a tener en cuenta es que, si se va a crear una marca internacional, hay que tener especial cuidado en que el nombre no tenga una connotación negativa en otro país o en el mercado que se quiere ingresar. Lo que funcione en un pais, no necesariamente funcionara en otro.

Sugerencias: esta idea también vale para algunos nombres completamente genéricos. Por ejemplo no intentes colocar la palabra "DVD" al nombre de tu negocio. Puede más temprano que tarde, está tecnología sea reemplazada por otra, como sucedió con el VHS. Tu nombre de marca quedará obsoleto.

Para finalizar, evita usar nombres que se parecen o suenan al de la competencia (el único beneficiado es la marca del competidor). Evade los nombres con iniciales. No incluyas números en los nombres y evita en lo posible los cliches como "global", "tech", "soft", etc.

Kenny Cordova
Consultor en Identidad Corporativa y Branding
http://www.justgraph.com

Creo necesario poner en tela de juicio otra vertiente de opinión en relación con marcas y sus orígenes. Las dos ideas, tanto la opinión de un experto en la materia como Kenny Cordova, tanto el siguiente estudio de la Warthon University sobre enfocar más en la situación territorial de una marca son plausibles y perfectamente argumentadas, el alumno/a tomará las ideas que más le convengan.

Boletin de la Warthon University

Pepe Jeans London, Custo Barcelona o Evian-les-Bains, ciudad marca registrada que da nombre al agua Evian, son algunos ejemplos de cómo las marcas comerciales se apoyan en lugares y cómo éstos, a su vez, se pueden apoyar en las marcas para ser más competitivos. Es una relación bidireccional que Gildo Seisdedos, profesor del Instituto de Empresa, y Cristina Mateo, consultora del Ayuntamiento de Madrid, han estudiado con el objetivo de contribuir a una exitosa gestión de las marcas comerciales y lugares en un mercado global.

Para ello, los autores del estudio titulado "Comercial and place brands, a two way road" (Marcas comerciales y lugares, una vía de doble sentido) han considerado unas 3.000 marcas procedentes de más de cincuenta países que aparecen en los informes de Interbrand, consultora internacional líder en el desarrollo de marcas, y han estudiado casi cien casos de marcas. En esta fase inicial de su investigación, los autores explican a Universia-Knowledge@Wharton que han "desarrollado un planteamiento metodológico que está al final ilustrado en una matriz que relaciona, por una parte, la intensidad del uso del lugar- en el eje horizontal del gráfico- y el alcance que tiene esa marca en el mercado-, en el eje vertical. Porque, de esta manera, "podemos plantear cuatro cuadrantes que ubican muy bien, sobre todo, a las marcas globales", reflexionan.

La esencia de una marca

Antes de llegar a este punto, los autores hicieron un viaje retrospectivo hasta el origen de las marcas comerciales y los lugares como marca, e ilustraron la relación entre ambos a través de la historia. En este sentido, Seisdedos y Mateo explican que el paso de los siglos no ha cambiado las marcas. El objetivo del branding era, y sigue siendo, identificar la propiedad de alguien o su origen. Desde la antigüedad, aseguran que "el valor de una marca ha sido reconocida por los consumidores, que premiaban a los mejores productores con su lealtad, y por los propios productores, que eran conscientes de que sus marcas simbolizaban sus buenas prácticas".

Según los expertos, actualmente una marca poderosa proporciona una diferencia competitiva significativa, que la hace extremadamente difícil de copiar por sus rivales. Pero cada vez es más difícil encontrar productos o servicios genuinamente únicos y la mayor parte de la innovación procede de pequeñas variaciones de fórmula, precio o calidad. Por eso, para tener éxito, hay que poner énfasis en desarrollar el atractivo emocional de la marca, con todas las inversiones en marketing que esto supone.

Lo que se ha multiplicado exponencialmente es la relevancia económica de las marcas, que se consideran verdaderos activos comparables a cualquier otro activo de la empresa. Los autores lo ejemplifican con el poder de Coca Cola, cuyo valor de marca- estimado en más de 65.000 millones de dólares- constituye más de la mitad de su capital en el mercado. La razón de ello es que las marcas poderosas pueden asegurarse mediante la lealtad del consumidor flujos de capital más predecibles.

Los expertos sostienen que las buenas marcas se construyen sobre la confianza del consumidor y su capacidad para no defraudarle. Esto significa que aquellas organizaciones, empresas o lugares que aspiren a ser propietarios de marcas de éxito deben entender cómo construir marcas que atraigan y, luego, trabajar en esas fortalezas a través del cumplimiento constante de las expectativas que generan, explican los autores en el artículo.

El papel del lugar en las marcas comerciales

Por otro lado, los autores señalan que el lugar se ha utilizado como un atributo importante por parte de las marcas comerciales. Esto se debe, en gran medida, a que el sistema de organización industrial desarrollaba su producción íntegramente en una ciudad o región. Para ellos, quizás el ejemplo más claro de cómo el territorio puede apoyar de manera importante a las marcas comerciales es el del vino. "Compramos un Rioja (marca lugar) y no un Ramón Bilbao (marca comercial). Algunos se refieren a esta cualidad de nombre geográfico como marca colectiva. Este modelo Mediterráneo es compartido también por Francia, Italia y España. En el modelo Anglo-Sajón de países como EEUU o Australia el orden se invierte y la marca comercial y la del país precede al de la región (es un vino australiano, de la marca Cloudy Bray)", desvela el mismo estudio.

Como consecuencia de la globalización, los cambios en el sistema de producción también han alterado la manera en la que las marcas comerciales usan el concepto de territorio. Los autores hacen referencia a cómo la leyenda de la innovación tecnológica de Silicon Valley, en California, impregna marcas como Google, Cisco o Apple, por citar algún ejemplo, pero sus productos y servicios se generan dentro de una red financiera, tecnológica y humana que se extiende prácticamente por todo el mundo. Para ilustrar la nueva relación entre marcas y lugares no hay más que mirar la parte posterior de un iPod: Designed by Apple in California, made in China. En este caso, dicen los autores que "la marca se apoya en un territorio y viceversa, se retroalimentan, y tenemos un añadido más que plantea una complejidad mayor: el made in China".

La relación tradicional entre marcas y lugares ha cambiado, al igual que los atributos asignados a estos lugares. "Es cierto que hasta ahora, el made in China no era percibido de una manera positiva, pero el nuevo owned by China puede volverse cada vez más relevante en un futuro escenario en el que podrían haber cincuenta empresas chinas en el ranking Fortune Global 500 (de las 500 empresas más grandes del mundo), algo que el Gobierno chino está ávido por conseguir", escriben.

El nacimiento de lugares como marcas

El estudio refleja que los lugares utilizados como atributos son tan viejos como la historia. Incluso las antiguas civilizaciones, como el Imperio Romano, y sus valores de cultura, identidad y poder, han actuado como marcas. Al respecto, el estudio indica que, en ocasiones, se da forma a la imagen de un lugar de una manera artificial para construir un consenso a través de la historia. Los lugares se presentan como marcas porque los ciudadanos quieren estar orgullos de ellos. "Por tanto, la manipulación de la imagen de las ciudades, cultura y experiencias se ha convertido en la parte más importante de todo el proceso de branding", aseguran.

En el siglo XIX, nuevas naciones utilizaron todo su poder disponible para unificar su lengua y religión y crear por diferentes medios, como la educación, un sentimiento de identidad nacional. En este contexto, la creación de un producto de país de origen se volvió muy importante, incluso hasta el día de hoy.

Sin embargo, en los setenta, tras la caída del muro de Berlín, emergió un nuevo orden mundial, donde aparecieron nuevos competidores y "se hizo evidente que el mundo iba a estar dominado por una serie de países con ventaja competitiva, no solamente por sus recursos naturales, ya que no todos los países serían competitivos en todas las industrias o empresas, sino porque su productividad o crecimiento de la misma se enfocaban en industrias y segmentos específicos". De hecho, escriben los autores, "aparentemente algunas empresas que innovaron más que otras, estaban localizadas en países específicos, y no en otros. De ahí nuestro interés en estudiar el papel de los lugares en las marcas comerciales".

Este interés llevó a los autores a desarrollar un modelo que relacionaba la intensidad del uso de un lugar por parte de una marca comercial, y su amplitud de mercado. Pero sin perder de vista la necesidad de ilustrar en posteriores investigaciones la relación entre lugares y su uso de las marcas comerciales como ha hecho, por ejemplo, Francia. Este país se ha convertido en una marca por asociación con lo que solía producir: perfumes. Como consecuencia de ello, ahora se percibe a Francia como glamurosa y aspiracional.

Matriz de la relación entre territorio y marca

En este modelo, los autores identificaron cuatro tipos de relación entre marcas comerciales y el uso de los lugares. En primer lugar, declaran, tenemos las marcas "emergentes", que son aquellas que compiten en base a un mercado mayoritario y que no utilizan el uso del lugar. Éstas están situadas en el cuadrante superior izquierda. "Un ejemplo sería Zara, única marca española que aparece en los informes de Interbrand. Esta marca nunca alude a su españolidad. Si preguntas a algunas personas de fuera de España de dónde es, en muchos casos, no te sabrían responder".

¿A qué se debe esto? En este punto de su investigación, de momento los autores sólo pueden hacer conjeturas y responden que posiblemente esta actitud tenga un trasfondo geopolítico. "Es sabido que un territorio como España y todo lo que alude, es decir la marca España, hasta ahora - se han puesto en marcha iniciativas como el Foro de Marcas Renombradas- hacia referencia a unos estereotipos (como sol y playa, etc.). Por eso, a nivel diseño y en ciertos sectores, quizás no era muy apropiado apoyarse en ella". Pero, actualmente, marcas como Custo Barcelona, en el sector textil, ya empiezan a hacer uso del territorio, que, tal y como indican los autores, puede ser un país, ciudad o región.

Al contrario que Zara, hay otras marcas, como las "embajadoras", que compiten en amplitud de mercado pero con una intensidad del uso del lugar diferente. Éstas se encuentran situadas en el cuadrante superior derecha. Un ejemplo es IKEA, que compite a nivel internacional, pero aludiendo a origen sueco, al utilizar, por ejemplo, los colores de la bandera sueca en su logo. Hay otras marcas, las "aristocráticas", que también se apoyan en los valores del territorio de una manera intensa pero tienen una estrategia nicho y, por tanto, su amplitud de mercado es mucho más estrecha. Las aristocráticas están situadas en el cuadrante inferior derecha. "Por el apoyo al lugar nos referimos en este momento de la investigación a los elementos gráficos visuales como el logo, el nombre o cómo se presenta esa marca al público en la publicidad, en la página web, etc…"

En esta categoría están, por ejemplo, la marca de bebidas Osborne, que representa todo lo andaluz, o Lladró. En algunos casos, añaden, "esta estrategia de marca aristocrática puede ser una buena estrategia competitiva, y es posible que no le interese pasar a una estrategia de mayor alcance de mercado. Pero en otros, si la marca quiere acceder a un mercado más amplio, el haber utilizado el territorio les puede servir muy bien para seguir apalancándose en eso para copar un mercado más amplio".

Las marcas "impostoras" también tienen un alcance del mercado estrecho, pero no hacen uso de su territorio. Por tanto, están situadas en el cuadrante inferior izquierda. "Ejemplo de ello es la marca de los modistas andaluces Vittorio y Lucchino, que, por el nombre, se podría pensar que es italiana. Este territorio (por Italia) se ha apalancado en ciertos valores, su nombre casi expresa moda". Como la palabra España o Andalucía, hasta ahora, no evocaban a moda, se han utilizado otras estrategias. Sin embargo, dicen que "hemos llegado a un punto en el que para estas marcas, para entrar, por ejemplo, en EEUU, podría resultarles interesante crear o apoyarse en una marca territorio de mayor o menor tamaño, que podría ser, en el caso de Vittorio y Lucchino –una marca tan gitana- Sevilla, Andalucía o España".

Un panorama en evolución

En cuanto a los territorios emergentes, señalan que "éstos son muy conscientes de que para ser conocidos tienen que apoyarse en las marcas comerciales y, si no las tienen propias, en marcas globales, porque esto les da una especie de marchamo de calidad". Por ejemplo, Corea del Sur, último país invitado a ARCO, la feria de arte moderno de Madrid, hizo una campaña publicitaria en la que el presidente de la coreana Samsung y su mujer invitaban a los españoles a ir a ARCO para conocer al país invitado. "Estamos viendo incursiones muy interesantes para atraer inversión e interés en territorios emergentes. Otro ejemplo es el de Turquía, que se apoya para atraer inversión en empresas que ni siquiera son propias del territorio. En este caso, la publicidad se hace con marcas globales que cambian en virtud del mercado al que Turquía le interesa atraer inversión. En España, decía Mango loves Turkey".

Pero, si la relación entre marcas comerciales y lugares no se gestiona bien, "puede ser una experiencia negativa para el territorio", alertan los autores. Lo mismo que las marcas registradas, los territorios, que cada vez se convierten más en marcas, también tienen que tener en cuenta lo que implica el uso de esa marca territorio. "Al igual que el Real Madrid se convierte en una marca embajadora, en el caso de la marca Air Madrid –aerolínea que quebró en 2006-, quizás habría que haber pensado si una empresa se puede registrar con ese nombre, qué implica eso, por qué puede tener consecuencias negativas para ese territorio".

Para concluir, los autores dicen que "este panorama que pintamos es como una imagen fotográfica: hemos hecho un pequeño estudio retrospectivo de lo que implica la marca comercial y la marca lugar, hasta llegar al momento actual. Hemos hecho una imagen fotográfica de dónde están las marcas comerciales ubicadas respecto a su relación con el territorio y el mercado, pero para nosotros es un panorama en evolución, sobre todo en un mercado global en competición donde aparecen constantemente nuevos territorios, nuevas marcas y creemos que la relación entre el mercado y el uso del lugar plantea opciones interesantes para esas estrategias".

Ideas y técnicas para registrar tu marca ®

Tecnica: La lluvia de ideas es quizas la herramienta adecuada para este punto,para realizarla sigue los siguientes pasos.

1. En un lugar sin distracciones sientate solo o con el numero de personas que van ayudarte a realizar esto, lo mas recomendable es que sean mas de 2 y menos de 5.
2. En la primera parte cada quien tendra una hoja de papel en blanco y anotaran el concepto general del negocio o las cualidades de este, es decir, si tu negocio es una lavanderia y tus cualidades son rapidez, limpieza y barato, entonces en la parte superior de la hoja anotaran, lavanderia, rapidez, limpieza y barato.
3. Se daran un tiempo entre 5 y 10 minutos para que cada quien anote en su hoja una lista de palabras que se le venga a la mente, no necesariamente tienen que ser nombres, pueden ser sinónimos de las cualidades que anotaron en un principio o cualquier otra palabra que venga a la mente, no existen palabras equivocadas o malas, todas son validas inclusive las que puedan parecer mas tontas.
4. Transcurrido este tiempo, cada quien leera en voz alta su lista de palabras.

5. Una vez que todos leyeron su lista empezaran de nuevo a decir palabras que se les venga a la mente pero ahora en voz alta y una persona sera la encargada de anotarlas.
6. Cuando ya tengan todas las palabras listas, empiecen a eliminar las palabras que no les gusten, que signifiquen algo malo, que no tengan nada que ver con el negocio, etc.
7. Con la nueva lista de palabras ahora si empiecen a jugar con ellas, es decir, cree combinaciones de palabras, pequenas frases e inclusive puede que dentro de esta lista se encuentre el nombre de su nuevo negocio. Como recomendacion es que no elija rapidamente 1 solo nombre, elija 2 o 3 para poner en uso los siguientes consejos.

Tecnica: Para recordar la efectividad de nuestro nombre se puede aplicar un pequeno ejercicio de memoria.
1. Seleccione a entre 4 a 6 amigos y/o familiares, si pueden ser mas perfecto, lo recomendable es que sea un numero par.
2. Divida a todos en 2 grupos, muestreles por escrito y leales los nombres que eligio rapidamente, recuerde que de preferencia que sean 3, no es necesario que se los repita, lo aconsejable es que lo vean una vez y ya,
3. Al primer grupo le va a pedir que le digan de cual o cuales nombres se acuerda, al siguiente dia que se los mostro y haga una anotacion de cual fue el que mas se recordo.
4. Al segundo grupo le va a pedir que le digan lo mismo pero 2 dias despues de que se los mostro y de igual forma que el anterior anote todos los nombres que mas recordaron. Con esto podra darse cuenta si su nombre es facil de recordar o no.

Tecnica: Para comprobar la pronunciacion e idioma, se hara una combinacion de tecnicas.
1. Consiste en preguntarle a las personas la primera imagen y/o palabra que se les venga a la mente cuando les mencionamos el nombre de la empresa, en este punto es necesario simplemente mencionarlo, no por escrito. Una vez que la persona ya nos dijo que se le viene a la mente por el hecho de simplemente escucharlo procedemos a mostrarles por escrito el nombre de la empresa y le volvemos a preguntar que es lo primero que se le viene a la mente. Esto es por que la mente de las personas procesa la informacion visual y auditiva de forma diferente, por esta razon es necesario obtener ambos puntos de vista. Lo mas recomendable para este tipo de tecnicas es algunas personas preguntarles unicamente de manera visual, es decir, mostrandoles el texto y a otras de manera auditiva, es decir, diciendoles el nombre, asi veremos si concuerdan tanto lo que escuchan como lo que leen.
2.Consiste en pronunciar varias veces el nombre, pida a varias personas que lean el nombre o nombres que selecciono y analice cual de estos se lee de manera mas sencilla, lo de mejor pronunciacion o los que la mayoria de las personas pronunciaron igual son los mas recomendables.

Tecnica: En este punto mas que una tecnica es un trabajo de investigacion y tener un poco de sentido comun. Realice una busqueda por Internet de las companias mas grandes de su pais o del mundo, si no se le viene ninguna a la mente piense en empresas como Apple, IBM, Cemex, Microsoft, Telmex, entre otras. Vea que tienen todas esas companias en comun, vea como son sus nombres y sobretodo, analice como se veria el nombre de su empresa junto a una de ellas. Preguntese .El nombre de mi empresa refleja calidad y distincion?.El nombre de mi empresa es unico?.el nombre de mi empresa sobresale?.el nombre de mi empresa podria usarse como franquicia?, estas son algunas de las muchas preguntas que tiene que hacerse para elegir el nombre correcto.

Tecnica: La tecnica para este consejo en referencia a abreviaciones consiste en preguntarle a la gente. En caso de que este intentado usar abreviaciones para su empresa, lo que es muy comun en empresas tecnologicas, preguntele a las personas el que creen que significan esas siglas o esas letras, si la mayoria de las personas pensaron lo contrario a lo que usted se dedica o simplemente no supieron decirle, lo mejor es que cambie de nombre. Al momento de preguntarle intentelo con personas desconocidas, o al menos que no sepan de su idea de negocio, asi obtendra opiniones objetivas y diferentes. Ejemplo IBM en u pasado fue International Bussiness Machine.

Tecnica. Usaremos dos pequenos ejercicios de observacion para este punto.
1. Cuando tenga disenado el nombre de su negocio, incluyendo el tipo de letra, la forma, colores, etc., imprimalo en una hoja completa, o de ser posible en algo mas grande, coloquelo a diferentes distancias, primero a 2, despues a 5 y por ultimo a 10 metros de usted. Vea si el nombre se sigue apreciando, es decir, si causa impacto, llama la atencion o al menos se puede leer claramente. Cuando una persona observa un letrero de un local o un anuncio, lo hace de generalmente de lejos, cuando el letrero o nombre es dificil de leer o no llama la atencion, simplemente pasara desapercibido o nadie se detendra a leer que es lo que realmente dice.
2.Este ejercicio consiste que con el mismo letrero y a las mismas distancias, voltear a verlo rapidamente o verlo de reojo, es decir, que los ojos unicamente pasen por ahi maximo durante 1 segundo. Si el nombre es llamativo y adecuado, nuestra mente inmediatamente captara el nombre.
Lo recomendable para estos ejercicios es que no solo los realice usted, consiga a alguien mas que le ayude, de esta forma lograra obtener diversos puntos de vista.

Como conclusion un nombre no solo son unas simples palabras, es quizas la herramienta más poderosa que tenga para crear una buena impresion en los clientes. El saber utilizarla le ayudara a crecer y a crear un vinculo entre cliente y empresa, pues las personas que compren en su negocio, se sentiran parte de este, se identificaran con el nombre y sobretodo se sentiran orgullosos de presumir "Yo compro en ………" ó mi empresa de informática es ICHTON ®.

Nota final: Una vez que ha desarrollado su nombre y este le ha funcionado bien,lo aconsejable es que separe parte de su presupuesto o haga una inversion en registrarlo como marca, recuerde que todo este tipo de registros (marcas y patentes) son consideradas como activos intangibles de la empresa, lo que le ayuda no solo a protegerse de posibles imitadores sino a ir creando un verdadero patrimonio y prestigio con su empresa.

Estimado alumno/a si consigues crear una marca registrada de nivel y renombre nacional ó incluso internacional, y este libro y este modesto instructor técnico, te han ayudado con un granito de arena a conseguir el éxito, puedes acordarte de mi y enviarme un jamón patra negra, alguna gratificación ó mención especial en algunos de los eventos empresariales donde recogas algún premio. (Bromas aparte), continuamos con una de los módulos más interesantes y prácticos del libro, como es el apartado técnico y de informática, donde abordaremos aspectos relevantes de la gestión "In the Cloud" de la empresa, gestión documental y trabajo en grupo en internet, aspectos relacionados con registros de webs, dominios en diferentes países, y todo lo relacionado con comercio electrónico y tiendas virtuales donde poner en venta nuestos productos y servicios a nivel mundial.

MÓDULO 3: ASPECTOS TÉCNICOS Y DE INFORMÁTICA
UNIDAD Didáctica 3: PLANIFICA-CREAR-VENDE-PROMOCIONA

TALLER PRÁCTICO SOBRE CREACIÓN DE EMPRESAS DIGITALES: DESARROLLO DE LA ACTIVIDAD COMERCIAL.
Aspectos técnicos y de informática
Herramientas básicas como son un navegador y un acceso a internet elemental, herramientas técnicas como apoyo a la creación, gestión y mantenimiento de la empresa digital. Dominios, alojamiento, hosting, Trabajo en red, Outlook.com ,Yammer, Google docs, trabajo in the cloud, Posicionamiento y campañas de E-Marketing, newsletter para ser más visible en Internet.
1 Planifica
2 Crea tu tienda
3 Vende
4 Promociona
5 Seguimiento
WordPress
Joomla
Drupal
Roundcube
Zen Cart
phpBB
PrestaShop
Concrete5
ICHTON
MMI
Ayuntamiento de Málaga
imfe

En este aparatado veremos en 5 pasos, los aspectos más importantes a nivel técnico y estratégico dentro de montar y diseñar una plataforma de comercio electrónico en internet. Dirigida principalmente a aquellos/as emprendedores que vean las bondades de internet y de comercializar cualquier tipo de productos en la red. Bien de fabricación propia (como una joven alumna en un taller de emprendimiento que creaba en su pueblo figuras, platos, vasijas, jarrones y otras joyas de artesanía, que cocia en su propio horno, pintaba a a mano y decoraba de forma artística y primordial), otra alumna quería promocionar y comercializar osos de peluche fabricado con materiales y telas reciclables ,todos de una enorme dedicación, arte y originalidad, o una gran amiga personal gran creativa modista de diseño y moda emprendiendo por dar a conocer sus vestidos y diseños de moda y alta costura, con sólo pocos meses de lanzamiento en el mercado cordobés y andaluz como es "AMA CHIC".
Otra posibilidad importante es la distribución de productos de fabricantes, prestación de servicios online y venta en general de productos comercializables que pueden tener cabida en mercados de otros países de Latinoamérica, Europeos ó Asiáticos. Como es el caso de éxito de "Exportadora de Jamones S.L". con gran éxito en su exportación de jamones, paletillas y loncheados de jamón en Rusia y otros países del Este.

Planifica

Este es el primer paso y tal vez el más importante para empezar a vender por internet. En este primer momento tienes que tener definidos a tus clientes potenciales, y para ello debes conocer sus necesidades, gustos, etc. También debes plantearte dónde se encuentran estos clientes, en un ámbito local o dentro del país, tu mercado se encuentra en el exterior o tal vez es una mezcla de ambos. Además de esto debes identificar qué productos vas a vender por internet.Muy importante es saber de tus competidores.

Tal vez no todos tus productos sean objeto de venta por internet, ya que tu objetivo es explotar tu negocio en internet siendo especialista en cierto tipo de producto. Estudia lo que más te interesa. Otro aspecto a tener en cuenta es que debes conocer tu competencia local y global. Debes investigar tu mercado en internet. Es fundamental conocer de los pasos anteriores tus fortalezas y debilidades. (Materia que ya vimos en el libro nada más comenzar el mismo).

TALLER PRÁCTICO SOBRE CREACIÓN DE EMPRESAS DIGITALES: DESARROLLO DE LA ACTIVIDAD COMERCIAL.
En el apartado de :
Planifica
Este es el primer paso y tal vez el más importante para empezar a vender por internet. En este primer momento tienes que tener definidos a tus clientes potenciales, y para ello debes conocer sus necesidades, gustos, etc. También debes plantearte dónde se encuentran estos clientes, en un ámbito local o dentro del país, tu mercado se encuentra en el exterior o tal vez es una mezcla de ambos. Además de esto debes identificar qué productos vas a vender por internet.Muy importante es saber de tus competidores.
Tal vez no todos tus productos sean objeto de venta por internet, ya que tu objetivo es explotar tu negocio en internet siendo especialista en cierto tipo de producto. Estudia lo que más te interesa. Otro aspecto a tener en cuenta es que debes conocer tu competencia local y global. Debes investigar tu mercado en internet. Es fundamental conocer de los pasos anteriores tus fortalezas y debilidades.
ICHTON
MMI
Ayuntamiento de Málaga
imfe

Utilizar Internet para vigilar la competencia

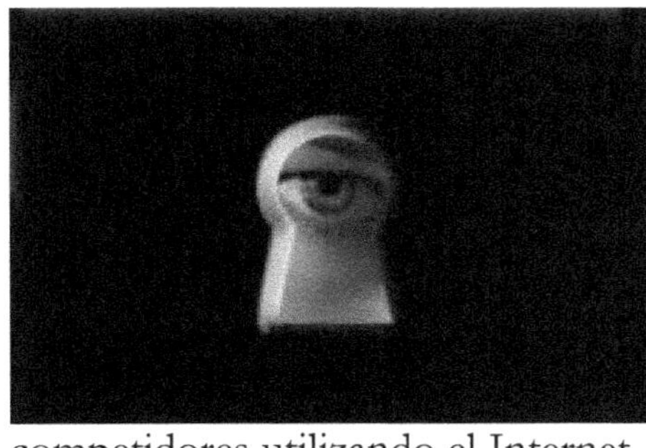

El seguimiento de sitios web significa buscar, analizar y explotar las informaciones relativas a su empresa, sus competidores y su sector de actividad, con el fin de aumentar su productividad y su competitividad.

A continuación le doy algunos consejos y le recomendamos herramientas online para encontrar rápidamente las informaciones que conciernen a la actividad de sus competidores utilizando el Internet.

- ¿Por qué el seguimiento de la competencia es indispensable?
- Las informaciones que se debe buscar
- Las fuentes de informaciones en línea
- Definir su frecuencia de seguimiento
- Analizar las informaciones y definir su estrategia
- Los programas de seguimiento de la competencia
  - Los servicios de expertos
- Automatizar su seguimiento gracias a los servicios online
  - Scoop-it : compartir su seguimiento
  - Netvibes: los infaltables cuadros de mando

¿Por qué el seguimiento de la competencia es indispensable?

Porque la información en el día a día es uno de los pilares del desarrollo de una empresa.

Por ejemplo: usted concibe un nuevo producto o servicio y en el momento de su lanzamiento al mercado, un competidor se le adelanta. El seguimiento de la competencia le evita este tipo de situación.

Teniendo acceso a las informaciones relativas de sus competidores y su sector, usted mejora su estrategia y gana en eficacia en la adquisición de nuevos clientes, la oferta de nuevos productos y el mejoramiento de su equipo.

Si un competidor representa una amenaza importante para su empresa, es útil de conocer sus fortalezas y su estrategia.

Las informaciones que se debe buscar

Para que su empresa permanezca competitiva en su sector, manténganse informado de las novedades:

- Nuevos competidores, productos, servicios, ofertas promocionales.
- Publicación de un nuevo comunicado o un artículo de prensa.
- Nuevos clientes, convenios, contratos, asociaciones, nuevas adquisiciones, alianzas.
- Cambios de las leyes y los reglamentos y cambios políticos y económicos.

Para un conocimiento profundo de sus competidores, debe recopilar informaciones sobre:

- Datos financieros.
- Productos o servicios, calidad de las prestaciones, los precios, los proveedores y la capacidad de producción.
- Materiales y recursos tecnológicos.
- Mercados: clientela actual, circuito de distribución, zona de cobertura geográfica.
- Recursos humanos: eficacia, reclutamiento, política salarial, rotación y estilo de gestión.
- Estrategia: adquisiciones, alianzas, nuevos países, nuevos sectores de mercado y nuevos productos.

Las fuentes de informaciones en línea

Consulte los sitios de la prensa especializada en su sector de actividad y la prensa económica. Para recibir automáticamente las informaciones, suscríbase a sus **feeds RSS.**

Para ahorrar tiempo en sus búsquedas en Internet, suscríbase a **Alertas de Google**. Introduzca el tema sobre el que le interese recibir información, escoja la frecuencia de recepción e indique su correo electrónico.

Piense también en utilizar las herramientas de la **Web 2.0**. En los foros y en las comunidades de internautas, encontrará informaciones valiosas en las conversaciones y en la opinión de los usuarios.

En motores de búsqueda de empresas y directorio de empresas, como **Infogreffe**, encontrará información sobre datos administrativos y financieros de la competencia.

Si desea saber a quién pertenece un nombre de dominio, consulte **Who is**.

Considere suscribirse a los boletines informativos o newsletters de sus competidores para mantenerse al corriente de sus últimas novedades. La inscripción a los **newsletters** se hace por lo general en los sitios web de las empresas.

Consulte los blogs de las empresas de la competencia o los blogs relativos a su sector de actividad. Consulte el artículo cómo lanzar y animar un blog para saber cómo se realiza y se publica un blog. Consulte los directorios de blogs para encontrar rápidamente el blog que le interesa, por ejemplo: **Technorati.**

Definir su frecuencia de seguimiento

Desde una vez al mes hasta varias veces al día. Si le falta tiempo, fíjese objetivos de búsquedas: determine lo que desea buscar y por qué necesita estas informaciones. Por ejemplo: cuales son los nuevos productos de mis tres principales competidores.

Analizar las informaciones y definir su estrategia

No le queda más que analizar las informaciones y definir su estrategia competitiva, con relación a las informaciones recogidas de sus competidores y en respuesta a la evaluación de las fortalezas y las debilidades de su propia empresa.

Los programas de seguimiento de la competencia

Son concebidos para consultar automáticamente las fuentes de informaciones en línea. Para saber más sobre este tema, consulte el artículo los agentes inteligentes.

Los servicios de expertos

Existen empresas especialistas en el seguimiento online de la competencia; por ejemplo **Cybion**. Los servicios de estos especialistas son de pago.

Automatizar su seguimiento gracias a los servicios online

Las numerosas herramientas online y gratuitas permiten a las empresas administrar mejor su seguimiento y automatizarlo. Estas herramientas son simples de utilizar, permiten compartir el resultado del seguimiento con varios colaboradores.

Scoop-it : compartir su seguimiento

Al inscribirse en el servicio, el usuario es invitado a crear temas de seguimiento. Por cada tema, el usuario podrá compartir los enlaces y sitios web relacionados al tema. Sugerencias provenientes de Twitter, Digg y Youtube son sugeridos por Scoop-it y permiten automatizar una parte del seguimiento. Otros usuarios del servicio también pueden proponerle feeds o enlaces con respecto al tema. Luego, el usuario recibe un "reporte de seguimiento" en su correo electrónico cada cierto periodo de tiempo, según se haya configurado (por ejemplo: un reporte al día o a la semana).

Netvibes: los infaltables cuadros de mando

Netvibes, el agregador de flujos, es una herramienta muy útil para el seguimiento de la competencia. Su navegación por bloques y en pestañas ha seducido a cientos de miles de internautas. El principio es simple, la herramienta le propone agregar contenidos y facilitar el seguimiento por una organización en cuadros de mandos. Netvibes también permite efectuar el seguimiento activo de ciertas palabras clave, mediante su funcionalidad **Netvibes Dashboard**. Esta herramienta permite monitorear tantas palabras claves como se desee. Netvibes clasifica luego los resultados en función a los tipos de documentos (flujos de twitter, vídeos, artículos, fotos etc.)

"El artículo original fue escrito por josephine33" gracias por permitirme usarlo en el libro.

CREA TU TIENDA VIRTUAL EN POCOS PASOS

En este manual aprenderemos rápidamente y con un coste mínimo, como crearnos nuestra propia tienda virtual 100% de alta, operativa y administrativamente, ya que debemos darla de alta en la Cámara de Comercio de nuestra localidad, para cumplir con la LSSI en materia de comecio electrónico.
Las bases necesarias para que nuestra tienda virtual este en regla lo indico en la siguiente tabla:

En primer lugar debemos asegurarnose de que el objeto social de la empresa contempla la actividad de comercio electrónico. Además debes tener en cuenta la L.O.P.D. con los epígrafes correspondientes a nivel informativo, fichero de clientes, notificaciones y administrativamente.

Si vas a montar tu comercio electrónico B2C o tienda virtual para realizar una actividad habitual y directa, el empresario/a particular desde España deberá cumplir con una serie de obligaciones mínimas relacionadas con el derecho de la seguridad social, derecho fiscal y derecho de la sociedad de la información y comercio electrónico.

Recopilación de información sobre Requisitos legales y obligaciones para montar una tienda online en España:

Tiendas creadas por un emprendedor/ra particular

Si vas a montar tu comercio electrónico B2C o tienda virtual para realizar una actividad habitual y directa como empresario/a particular desde España deberás cumplir con una serie de obligaciones mínimas relacionadas con el derecho de la seguridad social, derecho fiscal y derecho de la sociedad de la información y comercio electrónico.

Obligaciones Seguridad Social:

- Alta en el Régimen Especial de Trabajadores Autónomos (R.E.T.A)

- Alternativas a darse de Alta como Autónomo en la Seguridad Social: En la sección sobre comercio electrónico B2C, http://www.e-global.es/postt234.html se ha debatido el tema: ¿Qué alternativa podría existir en España para que un particular o empresario individual comercialice sus productos en una tienda online sin darse de alta como autónomo?. Hay una sentencia del Tribunal Supremo de 29 de octubre de 1.997, que refuerza el requisito de **habitualidad** para que nazca la consideración de trabajador/ra autónomo, y por tanto la obligación de cotizar a la Seguridad Social en tal condición. El debate está abierto.

Obligaciones Fiscales:

- Declaración censal etiquetas y opciones IVA. Impresos: 036 régimen ordinario o 037 régimen simplificado.
- Alta en el IAE, impreso 846
- Declaración previa de inicio de actividad, se presenta conjuntamente con las declaraciones de etiquetas y opciones de IVA.

Como empresario individual (autónomo) deberás pagar el Impuesto sobre la Renta de la Persona Físicas (IRPF), se puede optar por:

- Régimen de estimación directa (normal y simplificada): impreso, 130
- Régimen de estimación objetiva: impreso 131

Declaraciones Fiscales

Deberás realizar las declaraciones de IVA trimestral y anual, y los pagos fraccionados trimestrales a cuenta del IRPF dependerá de la cantidad que percibas por tu actividad.

Mas Información: Si necesitas mas información puedes obtenerla mediante la **Ventanilla Unica Empresarial Virtual –** http://www.vue.es/ que tiene por objeto el apoyo a los emprendedores en la creación de nuevas actividades empresariales, mediante la prestación de servicios integrados de tramitación y asesoramiento empresarial impulsado conjuntamente por todas las Administraciones Públicas (Administración General del Estado, Comunidades Autónomas, Administraciones Locales) y las Cámaras de Comercio.

Tiendas creadas por Empresa o por Emprendedor autónomo

Obligaciones derivadas de la Legislación específica del comercio electrónico en España:

I. Servicios de la Sociedad de la Información y de Comercio Electrónico en España – LSSICE

Desde que entró en vigor de Servicios de la Sociedad de la Información y de Comercio Electrónico en España – LSSICE (Ley 34/2002, de 11 de julio, que entró en vigor en octubre del 2003, http://www.e-global.es/downloads-file-465.html) los propietarios de sitios web o portales comerciales deben cumplir con una serie de requisitos específicos .

Esta ley solo obliga a los "Prestadores de Servicios de la Sociedad de la Información". Y por prestador de servicios se entiende a todos aquéllos, tanto empresas como particulares, que realicen algún servicio por Internet a petición del usuario, incluidos los servicios no remunerados pero que supongan carácter económico para la empresa o particular que los ejerce. Esta ley es solo de aplicación para España.

Lo determinante no es disponer de una página web, sino que con ésta se obtenga algún beneficio económico directa o indirectamente de los usuarios a través de un servicio prestado. Son Prestadores de Servicios de la Sociedad de la Información por ejemplo, las empresas que disponen de un website con un catalogo de productos aunque no vendan por Internet o incluso las webs personales que muestran banners publicitarios-

Información obligatoria en tu website:

Deberás ofrecer en tu website de forma permanente, fácil y gratuita información general sobre su empresa y sobre los productos y servicios que se ofrecen y las condiciones de los mismos.

Los datos que deberás publicar en tu página web son los siguientes:

• Nombre o denominación social (nombre y apellido en caso de empresario autónomo)
• Domicilio social de la empresa, dirección de la residencia en caso de profesionales. En su defecto la dirección de alguno de los establecimientos permanentes en España. (domicilio particular en caso de empresario autónomo)
• Dirección de correo electrónico.
• Número de Identificación Fiscal.
• Los datos de inscripción en el Registro Mercantil o profesional correspondiente según se trate de una empresa o un profesional (los autónomos no titulados no deben realizar ningún registro).
• Si se trata de prestadores de servicios que realizan actividades necesitadas de autorización administrativa previa, deben informar de los datos relativos a dicha autorización y deben identificar al órgano administrativo de su supervisión.

• Si la actividad del prestador de servicios consiste en el ejercicio de una actividad de las denominadas regladas, deben incluir los datos del Colegio profesional, título académico o profesional y Estado expedidor u homologador de esa titulación, así como las normas profesionales aplicables al ejercicio de esa profesión y la forma en que puedan conocerse esas normas.
• Los códigos de conducta a los que está adherido y la forma de consultarlos electrónicamente.

La LSSICE también establece:

• La prohibición expresa de envío de correos electrónicos publicitarios no solicitados o expresamente consentidos. El deber de inscribir los dominios de Internet a los registros públicos.
• La obligación de incluir, en la página Web, información genérica para facilitar el contacto de los usuarios y las administraciones públicas con el prestador del servicio.
• El deber de facilitar al cliente, información referente al proceso de contratación electrónica, en los instantes anterior y posterior a la celebración del contrato.

Inscripción Registral, supuestos que establece la ley LSSI-CE:

(i) En el caso de ser Prestador de Servicios de la Sociedad de la Información, deberás informar al Registro Mercantil en el que se encuentre inscrito o a aquel otro Registro Público en el que estuviera registrado para obtener personalidad jurídica o a efectos de publicidad, de las direcciones de Internet que utilicen para prestar los servicios de la información o al menos de la dirección principal (dominio) en un plazo máximo de 30 días desde el registro del dominio.

(ii) Quedan exentos de la obligación de registro los Prestadores de Servicios de la Sociedad de la Información autónomos no titulados, particulares que tengan páginas web y otras entidades que no precisen de inscripción en registro alguno para ejercer sus actividades comerciales o de otra índole, aunque desarrollen actividades económicas a través de Internet.

II) Protección de Datos de Carácter Personal – LOPD -

Ley Orgánica 15/1999, de 13 de Diciembre, de Protección de Datos de Carácter Personal – LOPD – http://www.e-global.es/downloads-file-470.html establece que todas las las empresas, profesionales y colectivos como ONG's, asociaciones, etc. que dispongan de ficheros conteniendo datos de carácter personal deben ser dados de alta ante Agencia de Protección de Datos.

- Obligaciones Legales de la Normativa de Protección de Datos:
• Inscripción de los ficheros en el Registro General de la Protección de Datos. Artículo 26 LOPD. Artículos. 5 y 6 R.D 1332/1994, de 20 de Junio.
• Redacción del documento de seguridad. "El responsable del fichero elaborará e implantará la normativa de seguridad mediante un documento de seguridad de obligado cumplimiento para el personal con acceso a los datos automatizados de carácter personal y a los sistemas de información" R.D 994/1999, de 11 de Junio.
• Auditoría. Artículo 17 R.D. 994/1999, de 11 de Junio.
• Redacción de cláusulas de protección de datos. Artículo 5 LOPD.
• Otras medidas de seguridad de índole técnica y organizativas necesarias para garantizar la seguridad de los datos objeto de tratamiento. Artículos 9 y 10 LOPD y R.D 994/1999, de 11 de junio.
• Redacción de los contratos, formularios y cláusulas necesarias para la recogida de datos, los tratamientos por terceros y las cesiones o comunicaciones de datos.

Más Información: **Agencia de Protección de Datos:** http://www.agpd.es o Teléfono: 901 100 099 (Área de Atención al Ciudadano). Asimismo, se puede entablar contacto con el número de fax 91 445 56 99 o por correo electrónico a la dirección ciudadano@agpd.es. El servicio es de atención al cliente es excelente.

(II) Ley de Condiciones Generales de Contratación

Esta ley distingue las condiciones generales de la contratación de las cláusulas abusivas. Las primeras son aquellas que han sido predispuestas e incorporadas, con ausencia de negociación individual entre ambas partes, a una pluralidad de contratos.

Por el contrario, son cláusulas abusivas las que en contra de las exigencias de la buena fe, causan en detrimento del consumidor un desequilibrio importante en los derechos y obligaciones contractuales. Las cláusulas abusivas pueden tener o no el carácter de condiciones generales, pues pueden aparecer también en contratos celebrados entre particulares, es decir en contratos de adhesión.

Asimismo, estas condiciones se han de redactar con transparencia, claridad, concreción y sencillez, siendo nulas y no formarán parte del contrato aquellas que el consumidor no haya conocido antes de la firma, las ilegibles, las ambiguas, las oscuras y las incomprensibles.

Y los contratos y las condiciones generales han de ser inscritos en un Registro de Condiciones Generales de la Contratación.

(III) Ley de Ordenación del Comercio Minorista

Las ventas efectuadas a través de la red, al ser llevadas a cabo sin la presencia física simultánea del comprador y del vendedor, son ventas a distancia, por lo que las relaciones entre las partes intervinientes en dichas ventas, se regirán por la Ley 7/1996 de Ordenación del Comercio Minorista de fecha 15 de enero de 1996.

Artículos de la Ley más destacados correspondientes al Título III, Capítulo II – Ventas a distancia.

- Artículo 43. Plazo de ejecución y pago.

De no indicarse en la oferta el plazo de ejecución del pedido, éste deberá cumplimentarse dentro de los treinta días siguientes al de su recepción por el vendedor.
Sólo podrá exigirse el pago antes de la entrega del producto cuando se trate de un pedido que se haya elaborado con algún elemento diferenciador para un cliente específico y a solicitud del mismo.

- Artículo 44. Derecho de desistimiento.

El comprador podrá desistir libremente del contrato dentro del plazo de siete días contados desde la fecha de recepción del producto. En el caso de que la adquisición del producto se efectuase mediante un acuerdo de crédito, el desistimiento del contrato principal implicará la resolución de aquél.
El ejercicio del derecho o desistimiento no estará sujeto a formalidad alguna, bastando que se acredite, en cualquier forma admitida en Derecho.
El derecho de desistimiento del comprador no puede implicar la imposición de penalidad alguna, si bien, el comprador deberá satisfacer los gastos directos de devolución y, en su caso, indemnizar los desperfectos del objeto de la compra.

- Artículo 45. Excepciones al derecho de desistimiento.

Lo dispuesto en el artículo anterior no será de aplicación a los siguientes supuestos:
1) A las transacciones de valores mobiliarios y otros productos cuyo precio esté sujeto a fluctuaciones de un mercado no controlado por el proveedor.
2) A los contratos celebrados con intervención de fedatario público.
3) Tampoco se extenderá el derecho de desistimiento, salvo pacto en contrario, a las ventas de objetos que puedan ser reproducidos o copiados con carácter inmediato, que se destinen a la higiene corporal o que, en razón de su naturaleza, no puedan ser devueltos.

- Artículo 46. Pago mediante tarjeta de crédito.

Cuando el importe de una compra hubiese sido cargado utilizando el número de una tarjeta de crédito, sin que ésta hubiese sido presentada directamente o identificada electrónicamente, su titular

podrá exigir la inmediata anulación del cargo. En tal caso, las correspondientes anotaciones de adeudo y reabono en las cuentas del proveedor y del titular se efectuarán a la mayor brevedad.
Sin embargo, si la compra hubiese sido efectivamente realizada por el titular de la tarjeta y, por lo tanto, hubiese exigido indebidamente la anulación del correspondiente cargo, aquél quedará obligado frente al vendedor al resarcimiento de los daños y perjuicios ocasionados como consecuencia de dicha anulación

Por último decirte que, es muy importante que te asesores con tu abogado, no sólo para contrastar esta información sino para que te oriente en tu caso particular.

VLC Seo
Google

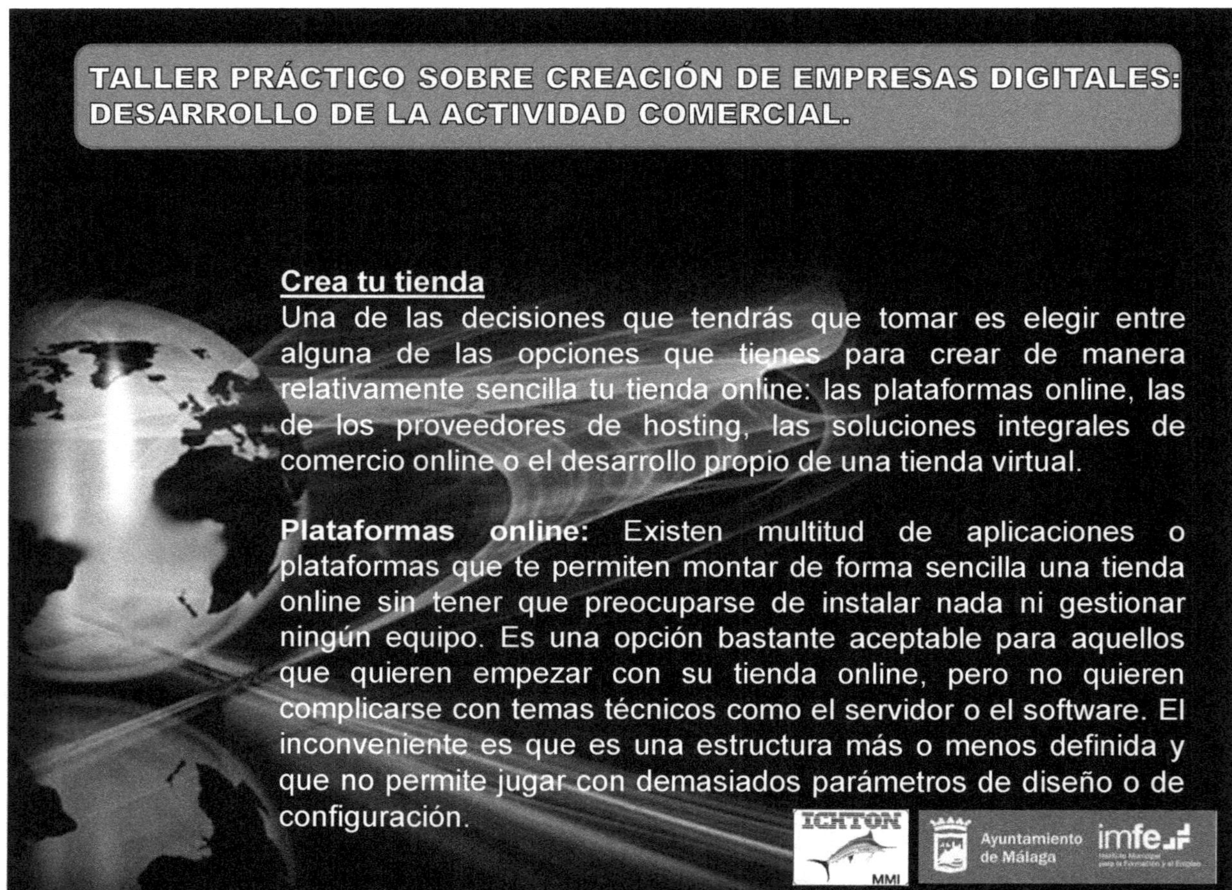

TALLER PRÁCTICO SOBRE CREACIÓN DE EMPRESAS DIGITALES: DESARROLLO DE LA ACTIVIDAD COMERCIAL.
Crea tu tienda
Una de las decisiones que tendrás que tomar es elegir entre alguna de las opciones que tienes para crear de manera relativamente sencilla tu tienda online: las plataformas online, las de los proveedores de hosting, las soluciones integrales de comercio online o el desarrollo propio de una tienda virtual.
Plataformas online: Existen multitud de aplicaciones o plataformas que te permiten montar de forma sencilla una tienda online sin tener que preocuparse de instalar nada ni gestionar ningún equipo. Es una opción bastante aceptable para aquellos que quieren empezar con su tienda online, pero no quieren complicarse con temas técnicos como el servidor o el software. El inconveniente es que es una estructura más o menos definida y que no permite jugar con demasiados parámetros de diseño o de configuración.
ICHTON
MMI
Ayuntamiento de Málaga
imfe

ENTORNO DE DESARROLLO COMPLETO BAJO SOFTWARE LIBRE

WordPress Joomla Drupal Roundcube Zen Cart phpBB PrestaShop Concrete5

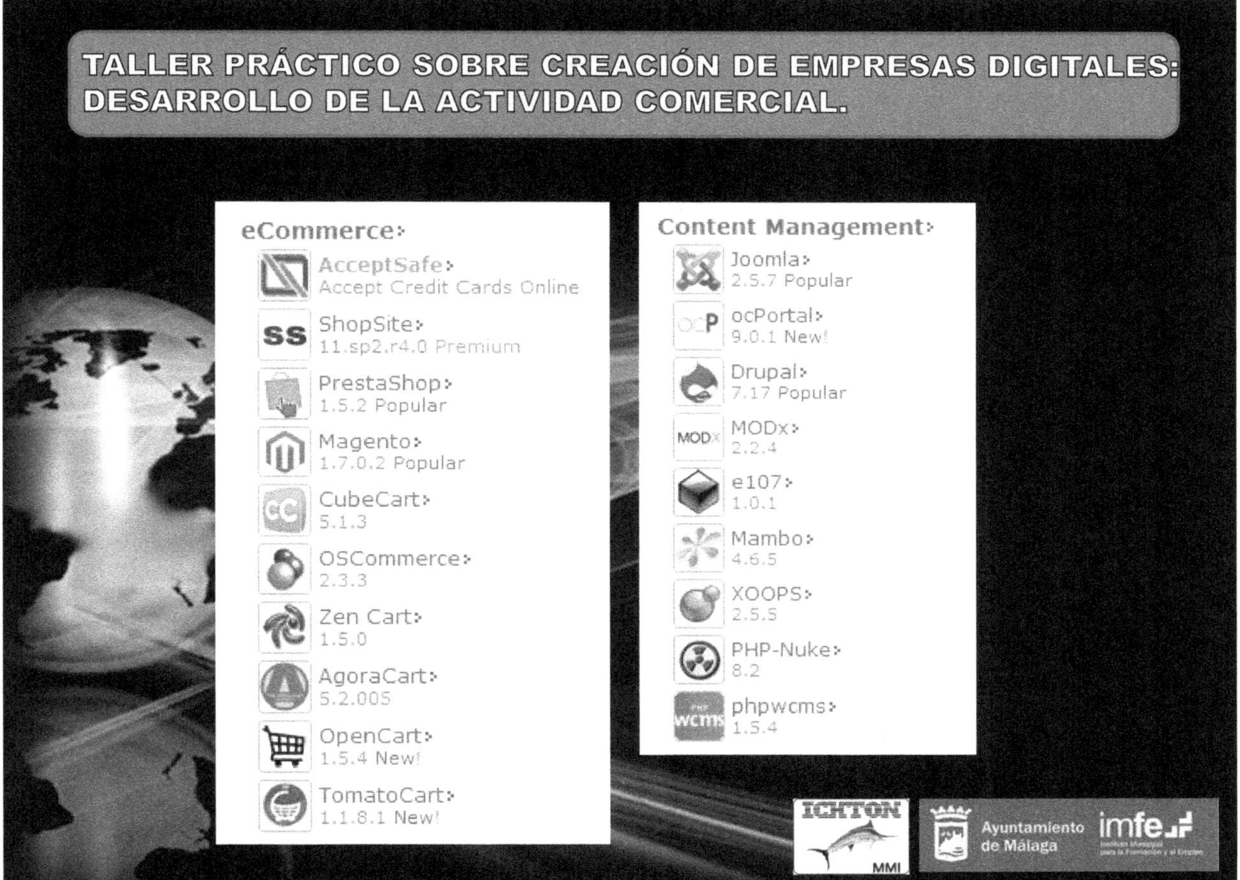

De todos los existentes en el mercado he optado por presentaros Prestashop, por ser la solución más robusta, sencilla de montar, no son necesarios conocimientos avanzados de programación y sí un gran conocimiento de la estructura de tienda virtual que se quiere subir a la red con familias de productos, artículos, tarifas, logotipos, ofertas, medios de pago, envíos etc…

PRESTASHOP GANA EL OPEN SOURCE AWARD 2012

Prestashop, el famoso software de código libre para el desarrollo de tiendas online y comercio electrónico ha ganado el Open Source Award en la edición del año 2012 a la mejor Aplicación de Negocios

Y es que en las últimas semanas Prestashop está recibiendo cada vez mejores noticias. Se acaba de llegar desde hace unas semanas a más de 100000 tiendas online creadas con prestashop, y ahora este premio que recompensa la labor de todo el equipo y la comunidad que trabaja en el entorno de Prestashop.

Es el segundo año que Prestashop gana un premio de los Open Source Award. Seguro que toda la gente que trabaja en Prestashop va a seguir esforzándose para ofrecer mayores y mejore funcionalidades a sus usuarios, y seguro también que este premio no va a ser el último que recoja. Su evolución así lo indica, y Prestashop se ha convertido en poco tiempo en uno de los software preferidos para el desarrollo de tiendas online y negocios electrónicos.

PRESTASHOP ALCANZA LAS 100000 TIENDAS ONLINE DESARROLLADAS CON LA PLATAFORMA OPEN SOURCE

Prestashop una de las más recientes plataformas open source para el desarrollo de tiendas online, e-commerce, alcanza una importante cifra. 100.000 tiendas online creadas y desarrolladas con la plataforma

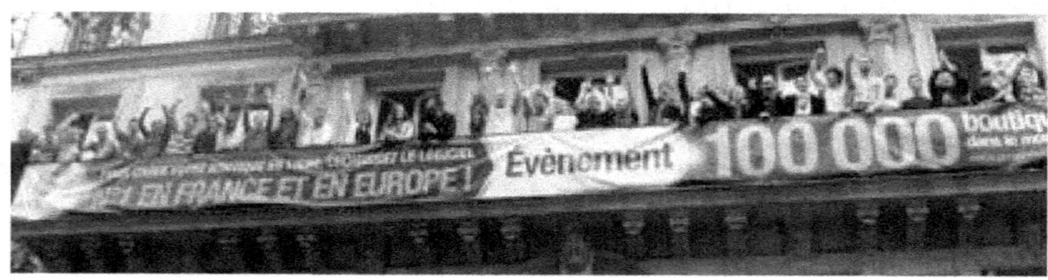

Prestashop ha tenido desde su aparición una gran acogida por parte de los desarrolladores y emprendedores que han montado su tienda online. Una gran comunidad se ha ido formando detrás de esta plataforma de código abierto.

Como dicen en su comunicado para festejar esta histórica cifra. 100.000 tiendas prestashop y otras tantas historias. Porque detrás de cada tienda montada bajo la plataforma prestashop, se encuentra una historia, una ilusión. Un comerciante, un diseñador, reuniones, ideas, ilusiones…..

Con Prestashop, 100.000 ilusiones han sido puestas en marcha.

CONOCE LA NUEVA VERSION DE PRESTASHOP 1.5.3

PrestaShop sigue y sigue creciendo como una de las plataformas más utilizadas por los desarrolladores para la puesta en marcha de proyectos de comercio electrónico. Y como nos encontramos con una de las mejores y más utilizadas plataformas para el desarrollo de tiendas online, los desarrolladores de PrestaShop siguen trabajando y ofreciendo mejoras.

Lo último, la nueva versión de la plataforma. PrestaShop 1.5.3 que trae consigo más de 400 mejoras, algunas de ellas han sido aportadas por la propia comunidad de Prestashop. Una comunidad que día a día sigue creciendo y aportando, contribuyendo con ello a que PrestaShop sea lo que es hoy en día. Una de los mejores CMS para e-commerce.

Algunas de las mejoras son para aumentar el rendimiento y velocidad de carga de las página. El túnel de compra también ha sido trabajado y rediseñado para de esta forma mejorar el pago.

En cuanto al SEO también se ha trabajado de cara a mejorar y facilitar la optimización de cara a buscadores.

Sobre las páginas de error también tenemos novedades. Ahora puedes hacer que si la página de un producto no se encuentra puedas bien mostrar una página de error 404 o desde ahora redirijir a la página de otro producto que pueda cumplir con las necesidades de lo buscado por el usuario.

Existe un nuevo módulo de actualización automática que puedes descargarlo de forma gratuita desde aquí.

Y bueno, poco más que contar, si quieres encontrar más info sobre esta nueva versión de PrestaShop, puedes pasarte por la página oficial de Prestashop en castellano. www.prestashop.com donde podrás seguir todas las novedades de este potente CMS.

PREPARANDO EL ENTORNO A PRESTASHOP

Elegir un buen alojamiento para nuestros dominios y nuestra tienda virtual es muy importante, no sólo hay que firjarse en el rpecio, es fundamental tener un buen soporte 24HORAS 24X7 yo diría que vital. Hay muchísimos servidores donde alojar nuestras páginas nuestros dominios de tienda de empresa corporativo y de la marca registrada. Es muy importante conocer bien a fondo que nos pueden ofrecer, que entorno, que tipo de bases de datos, lenguaaje PHP y servidor Apache para que todo funcione perfectamente.

ELEGIR UN SERVICIO DE ALOJAMIENTO WEB

¡Guarde sus datos, seleccione una dirección URL y lance su sitio!

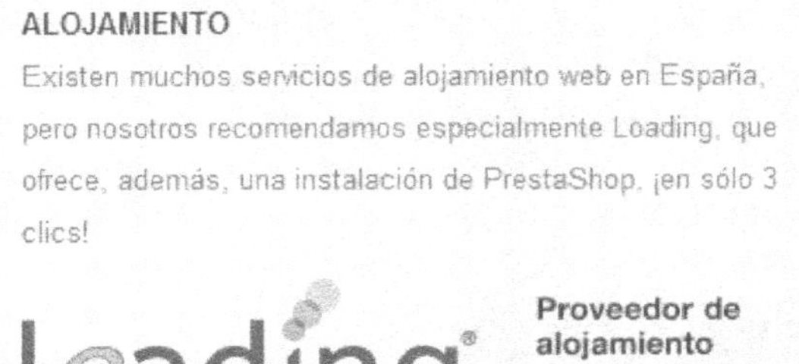

ALOJAMIENTO
Existen muchos servicios de alojamiento web en España, pero nosotros recomendamos especialmente Loading, que ofrece, además, una instalación de PrestaShop, ¡en sólo 3 clics!
loading
Proveedor de alojamiento recomendado por PrestaShop

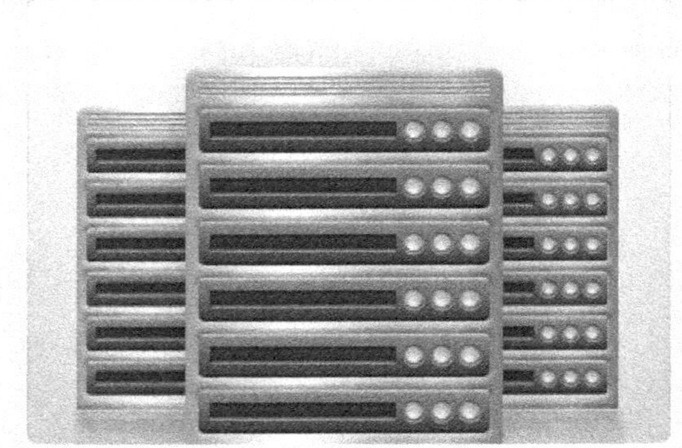

Muchísimos son los servidores a nivel mundial donde podemos contratar un buen alojamiento.

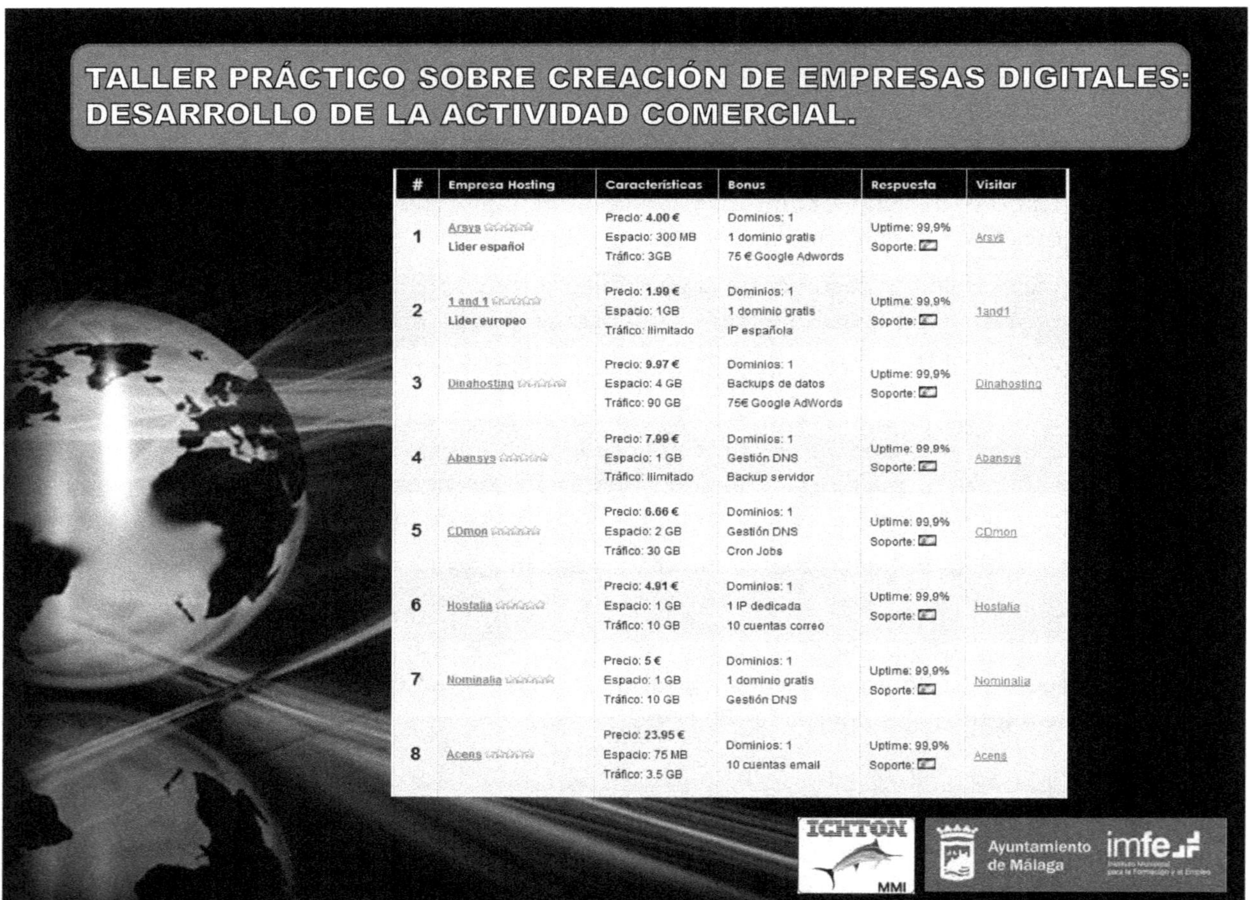

#	Empresa Hosting	Características	Bonus	Respuesta	Visitar
1	Arsys Lider español	Precio: **4.00 €** Espacio: 300 MB Tráfico: 3GB	Dominios: 1 1 dominio gratis 75 € Google Adwords	Uptime: 99,9% Soporte:	Arsys
2	1 and 1 Lider europeo	Precio: **1.99 €** Espacio: 1GB Tráfico: Ilimitado	Dominios: 1 1 dominio gratis IP española	Uptime: 99,9% Soporte:	1and1
3	Dinahosting	Precio: **9.97 €** Espacio: 4 GB Tráfico: 90 GB	Dominios: 1 Backups de datos 75€ Google AdWords	Uptime: 99,9% Soporte:	Dinahosting
4	Abansys	Precio: **7.99 €** Espacio: 1 GB Tráfico: Ilimitado	Dominios: 1 Gestión DNS Backup servidor	Uptime: 99,9% Soporte:	Abansys
5	CDmon	Precio: **6.66 €** Espacio: 2 GB Tráfico: 30 GB	Dominios: 1 Gestión DNS Cron Jobs	Uptime: 99,9% Soporte:	CDmon
6	Hostalia	Precio: **4.91 €** Espacio: 1 GB Tráfico: 10 GB	Dominios: 1 1 IP dedicada 10 cuentas correo	Uptime: 99,9% Soporte:	Hostalia
7	Nominalia	Precio: **5 €** Espacio: 1 GB Tráfico: 10 GB	Dominios: 1 1 dominio gratis Gestión DNS	Uptime: 99,9% Soporte:	Nominalia
8	Acens	Precio: **23.95 €** Espacio: 75 MB Tráfico: 3.5 GB	Dominios: 1 10 cuentas email	Uptime: 99,9% Soporte:	Acens

Entre otros servidores disponibles para alojar nuestros entornos, emails, dominios, bases de datos, nos encontramos a 1anad1 , Hostalia, Nominalia, Access, Arsys, Abansis, Dinahosting …

REGISTRAR UN DOMINIO .ES

Para la Wikipedia un dominio es :

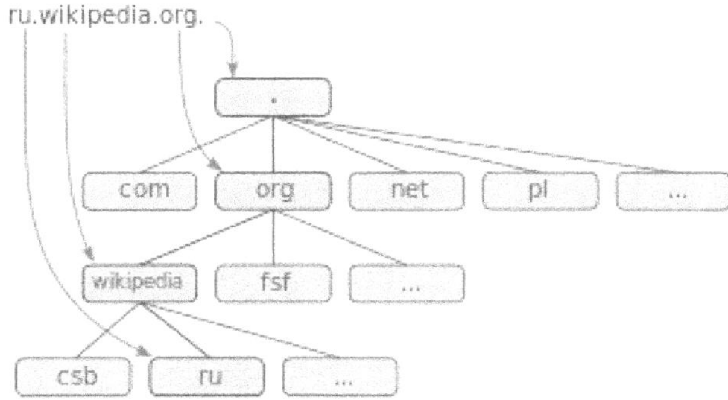

Un dominio de Internet es una red de identificación asociada a un grupo de dispositivos o equipos conectados a la red Internet.

El propósito principal de los nombres de dominio en Internet y del sistema de nombres de dominio (DNS), es traducir las direcciones IP de cada nodo activo en la red, a términos memorizables y fáciles de encontrar. Esta abstracción hace posible que cualquier servicio (de red) pueda moverse de un lugar geográfico a otro en la red Internet, aún cuando el cambio implique que tendrá una dirección IP diferente.1

Sin la ayuda del sistema de nombres de dominio, los usuarios de Internet tendrían que acceder a cada servicio web utilizando la dirección IP del nodo (por ejemplo, sería necesario utilizar http://192.0.32.10 en vez de http://example.com). Además, reduciría el número de webs posibles, ya que actualmente es habitual que una misma dirección IP sea compartida por varios dominios.

URL frente a nombre de dominio

El siguiente ejemplo ilustra la diferencia entre una URL (Uniform Resource Locator/"Recurso de Localización Uniforme") y un nombre de dominio:

URL: http://www.ejemplo.net/index.html

Nombre de dominio de nivel superior: net

nombre de dominio: ejemplo.net

nombre de host: www.ejemplo.net

Dominios de nivel superior

Cuando se creó el Sistema de Nombres de Dominio en los años 80, el espacio de nombres se dividió en dos . El primero incluye los dominios, basados en los dos caracteres de identificación de cada territorio de acuerdo a las abreviaciones del ISO-3166. (Ej. *.do, *.mx) y se denomina ccTLD (Dominio de nivel superior de código de país o Country Code Top level Domain), los segundos, incluyen un grupo de siete dominios de primer nivel genéricos, (gTLD), que representan una serie de nombres y multi-organizaciones: GOV, EDU, COM, MIL, ORG, NET e INT.

Los dominios basados en ccTLD son administrados por organizaciones sin fines de lucro en cada país, delegada por la IANA y o ICANN para la administración de los dominios territoriales

El crecimiento de Internet ha implicado la creación de nuevos dominios gTLD. A mayo de 2012, existen 22 gTLD y 293 ccTLD.2

Ejemplos de nombres de dominio de nivel superior

- .ar, para servicios de Argentina
- .asia, la región de Asia
- .biz prevista para ser usado por negocios.
- .bo, para servicios de Bolivia
- .cat, para servicios de Cataluña y en lengua catalana
- .cl, para servicios de Chile
- .co, para servicios de Colombia
- .cn, para servicios de China
- .com, son los dominios más extendidos en el mundo. Sirven para cualquier tipo de página web, temática.
- .cr, para servicios de Costa Rica
- .do, para servicios de República Dominicana
- .ec, para servicios de Ecuador
- .edu, para servicios de Educación
- .es, para servicios de España
- .eu, para países de Europa
- .fm, para páginas del país Estados Federados de Micronesia, pero usado también para estaciones de radio de frecuencia modulada
- .fr, para servicios de Francia
- .gal, para páginas relacionadas con la cultura y lengua (Gallego) de la comunidad autónoma de España, Galicia.
- .gov y .gob, para gobierno y entidades públicas
- .gt, para servicios de Guatemala
- .hn, para servicios de Honduras
- .info, para información
- .int, para entidades internacionales, organizaciones como la ONU
- .jobs, para departamentos de empleo y recursos humanos en empresas
- .lat, la región de Latinoamérica

- .me, para el país Montenegro
- .mil, para el Departamento de Defensa de los Estados Unidos (Único país con dominio de primer nivel para el ejército)
- .mobi, para empresas de telefonía móvil o servicios para móvil.
- .museum, para los museos
- .mx, para servicios de México

Uno de los pasos más necesarios, atractivos e interesantes es cuando nos ponemos masnos a la obra para registrar un nombre de dominio en internet.

Pantalla de registro de dominios de ARSYS.ES

Tras elegir bien el servidor donde registraremos nuestro dominio y el resto de servicios que queramos contratar, es necesario hacernos clientes de ellos con lo que debemos rellenar y cumplimentar unos formularios de nombre de empresa, dirección, debemos incluir los nº de cuenta bancaria para los cargos mensuales ó anuales.

A nivel mundial el número es muy elevado y aunque habrá que pagar en dólares nos dan grandes ventajas.

Let us find the best web hosting company for you, so you don't have to...

The Top 10 Best Web Hosting List

Updated: 28th November 2012

RANK	WEB HOST	PRICE	CURRENCY	DISK SPACE	BANDWIDTH	YOUR DOMAIN	PERFORMANCE	SCORE	REVIEW
1	BEST OVERALL! justhost.com	Special $3.42		Unlimited	Unlimited	FREE For Life!	Uptime: Speed:	98%	Review Visit Host
2	iPage	$3.95		Unlimited	Unlimited	FREE	Uptime: Speed:	95%	Review Visit Host
3	FatCow Green Hosting	$4.67		Unlimited	Unlimited	FREE	Uptime: Speed:	93%	Review Visit Host
4	HostClear	$5.95		Unlimited	Unlimited	FREE	Uptime: Speed:	89%	Review Visit Host
5	bluehost	$6.95		Unlimited	Unlimited	FREE	Uptime: Speed:	88%	Review Visit Host
6	inmotion hosting	$5.95		Unlimited	Unlimited	FREE	Uptime: Speed:	85%	Review Visit Host
7	hostmonster	$5.95		Unlimited	Unlimited	FREE	Uptime: Speed:	84%	Review Visit Host
8	Host Gator	$5.95		Unlimited	Unlimited	$15	Uptime: Speed:	84%	Review Visit Host
9	Go Daddy.com	$6.29		150 GB	1500 GB	$9.99/yr	Uptime: Speed:	83%	Review Visit Host
10	YAHOO! SMALL BUSINESS	$7.46		Unlimited	Unlimited	FREE	Uptime: Speed:	81%	Review Visit Host

View In-depth Comparison Chart

En EE.UU, Australia y Canada la oferta es muy aceptable, profesional y económica, tan sólo se nos presentará un nuevo reto que será aprender a expresarnos en inglés, telefónicamente en casos excepcionales de extrema celeridad y emergencia, emails de manera más habitual y casi semanalmente, o bien por chats privados de Help Desk.

Justhost se lleva la palma de oro en servcios, prestaciones y soporte 24h, aunque Hostclear,Ipage ó mis queridísimos técnicos de Bluehost que por 6,95$ mensuales nos dan un soporte enormemente profesional, directo y lleno de ventajas, software, prestaciones, cms, ftp y muchos más.

La reserva de dominios también las podemos hacer con ellos, pero sólo los .ES registraremos con NIC.ES en nuestro país en Madrid, via telemática, el resto de dominios .COM, NET etc… los podemos registrar fuera.

Me dejaba en el tintero ó quizás lo hago de forma premeditada para dejaros en último lugar y por ello el que se recuerda mejor, a los chicos de HOSTPAPA que son la ostia en Mayúsculas, un buen rollo, servicio técnico, servicios de backups, traslados de dominios rápidos, gestión kelp desk de apoyo a dudas, errores, problema, sugerencias, y más errores. Hay una cosa que aprendí muy bien de ellos, y de su día a día, y es que se vuelcan a tope en tus dominios y que todo funcione 100% ok, pero no soportan la morosidad, algún mes que os vaya en la empresa y en el negocio regular pagarles primero a ellos/as, porque tienen muy mal visto esto que en España está muy de moda y de compadreo del ya te pagaré, toma talón sin fondos, ahora no mañana. Ellos siempre los primeros en el pago después en la lista el resto de proveedores.

DESCARGAR E INSTALAR PRESTASHOP
¡Disfrute de la mejor solución de comercio electrónico!

PRESTASHOP ES GRATIS Y OPEN-SOURCE

PrestaShop no es sólo la solución de comercio electrónico más utilizada en el mundo, sino también, ¡es gratis! No espere más, ¡descargue e instale PrestaShop ahora!

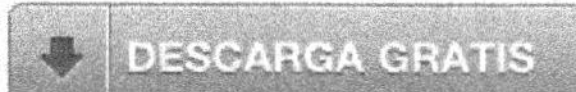

INSTALAR PRESTASHOP EN MINUTOS

¡PrestaShop es una solución potente, rápida y fácil de usar; usted puede tener una tienda en línea funcionando en tan sólo 15 minutos! ¡Siga esta guía de instalación y comience immediatamente a construir su tienda en línea! No espere un segundo más, para comenzar, vea el video de instalación...

Lo podemos descargar gratuitamente desde la web oficial www.prestashop.com

En pocos clicks podemos tener operativa una versión de Prestashop una vez que la hayamos descargado. Yo siempre recomiendo tener 2 versiones clonadas, una trabajando localmente y otra en modo real en el servidor par evitar problemas de caídas, errores en los cambios y las personalizaciones, estructura, módulos, plantillas, aspecto, etc… si hacemos cambios en modo real los verán todos los usuarios que estén conectados y visitando nuestra web. Sin embargo si trabajamos primero en modo local y en nuestro ordenador ó portátil, todos los cambios, pruebas, adaptaciones, personalizaciones, colores, plantillas, etc… sólo lo vemos nosotros, así cuando subamos y actualicemos la que tenemos en el servidor web, los usuarios ya verán los cambios que nosotros queremos realizar, y que le hemos dado el visto bueno.

SELECCIONAR UNA SOLUCIÓN DE PAGO
¡Empiece a aceptar pagos en línea de forma rápida y segura!

18 MÉTODOS DE PAGO INTEGRADOS

No importa quién sea usted o lo que usted elija vender en internet. PrestaShop viene equipado con 18 soluciones de pago integrados, lo que le permite aceptar rápidamente pagos en su tienda en línea.

INSTALACIÓN EN UN CLIC

Establecer una solución de pago nunca ha sido tan fácil. Con sólo un clic, usted puede instalar el módulo correspondiente al/los método(s) que desea ofrecer a sus clientes.

La plataforma de pago Online es muy importante, hay que elegir la más rentable

TALLER PRÁCTICO SOBRE CREACIÓN DE EMPRESAS DIGITALES: DESARROLLO DE LA ACTIVIDAD COMERCIAL.
Medios de pago: Existen dos agrupaciones de formas de pago: offline y online. Dentro de las primeras se podrían enumerar el contra reembolso, la transferencia bancaria y la domiciliación bancaria. Dentro de las segundas podrían encuadrarse los TPV y Paypal. Según diferentes estudios publicados la forma preferida por los internautas es con tarjeta de crédito o débito entre los mecanismos online y el contra reembolso en los mecanismos offline.
ICHTON
MMI
Ayuntamiento de Málaga
imfe

Los módulos de pago que podemos instalar en Prestashop debe ser acorde con la entidad bancaria con la que trabajemos habitualmente. Negociar las condiciones será tarea muy importante porque habrá una cantidad económica, que el banco se llevará como porcentaje de cada venta realizada. Las transacciones mercantiles realizadas con la pasarela de pago que se elija finalmente, determinará la agilidad con la que el cliente compra un producto y lo paga por visa en el momento. Aunque existen otras modalidades de pago disponibles y que son muy a tener en cuenta.

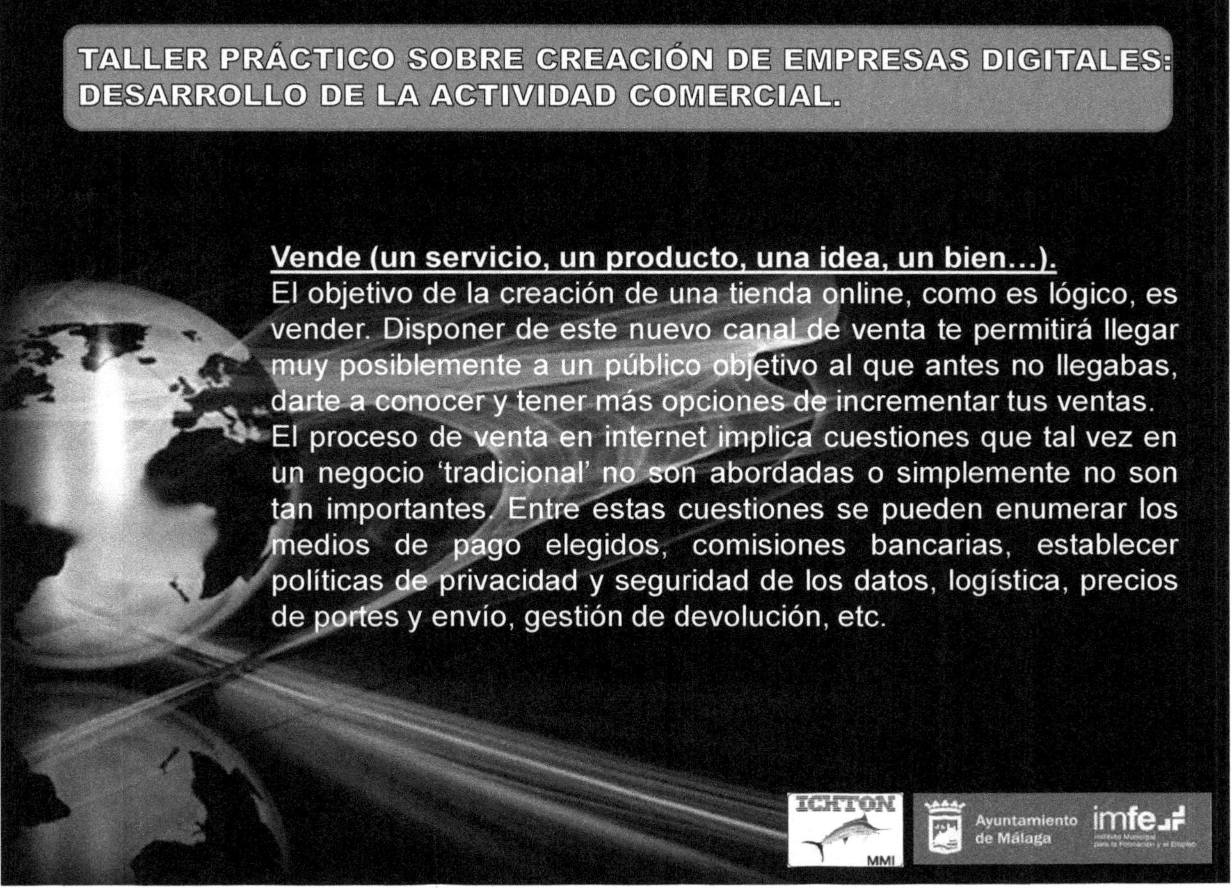
TALLER PRÁCTICO SOBRE CREACIÓN DE EMPRESAS DIGITALES: DESARROLLO DE LA ACTIVIDAD COMERCIAL.
Vende (un servicio, un producto, una idea, un bien…).
El objetivo de la creación de una tienda online, como es lógico, es vender. Disponer de este nuevo canal de venta te permitirá llegar muy posiblemente a un público objetivo al que antes no llegabas, darte a conocer y tener más opciones de incrementar tus ventas.
El proceso de venta en internet implica cuestiones que tal vez en un negocio 'tradicional' no son abordadas o simplemente no son tan importantes. Entre estas cuestiones se pueden enumerar los medios de pago elegidos, comisiones bancarias, establecer políticas de privacidad y seguridad de los datos, logística, precios de portes y envío, gestión de devolución, etc.
ICHTON
MMI
Ayuntamiento de Málaga
imfe

El objetivo de la creación de una tienda online, como es lógico, es vender. Disponer de este nuevo canal de venta te permitirá llegar muy posiblemente a un público objetivo al que antes no llegabas, darte a conocer y tener más opciones de incrementar tus ventas.
El proceso de venta en internet implica cuestiones que tal vez en un negocio 'tradicional' no son abordadas o simplemente no son tan importantes. Entre estas cuestiones se pueden enumerar los medios de pago elegidos, comisiones bancarias, establecer políticas de privacidad y seguridad de los datos, logística, precios de portes y envío, gestión de devolución, etc

Install
for free in
less than
15 mins.

CONFIGURAR LAS OPCIONES DE ENTREGA
¡PrestaShop ofrece múltiples opciones de envío!

ELIJA SU EMPRESA DE TRANSPORTE

Con PrestaShop, el envío de sus productos a nivel mundial es muy fácil. Simplemente elija su método de envío preferido, ¡haga unas cuantas configuraciones y será capaz de enviar sus productos en el mundo entero!

INSTALACIÓN EN UN CLIC

El éxito de su tienda en línea depende en gran medida de cómo usted trata, prepara y envía sus productos. Es por estas razones que PrestaShop, pone a su disposición una gran cantidad de módulos de transportistas, ¡que usted puede instalar en un sólo clic!

Diversas empresas de logística ofrecen un buen servicio por entrega a cliente final con un coste a nivel nacional muy aceptable.

Tan importante como vender y enviar a tiempo los productos es la gestión de la devolución.

PERSONALIZAR Y OPTIMIZAR

¡Gestione fácilmente la apariencia, ergonomía y funcionalidades de su tienda virtual!

CREE SU CATALOGO

¡Organice sus productos fácilmente gracias a nuestro configurador de catalogo!

ADMINISTRE EL INVENTARIO

Administre su inventario directamente desde su panel de administración

PERSONALICE

¡PrestaShop le permite personalizar su tienda de manera infinita!

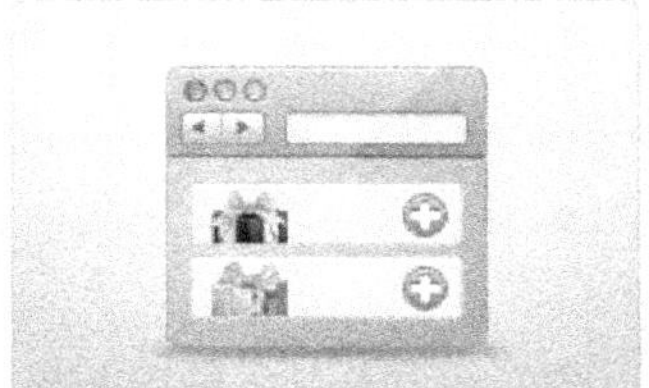

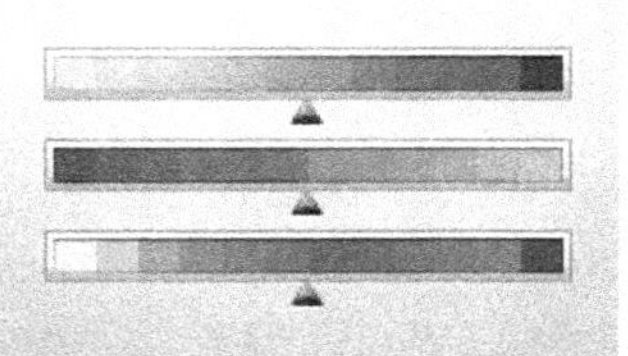

De los procesos más absorventes y donde se invierte más tiempo de todos

5 pasos para iniciar su negocio en línea

Desde la instalación hasta la configuración, usted sólo necesita unos minutos para poner en marcha su sitio de comercio electrónico con PrestaShop... ¡Siga estos 5 pasos para comenzar!

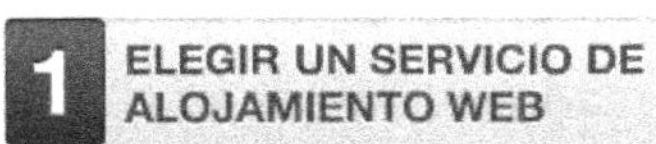

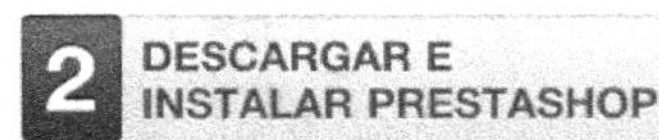

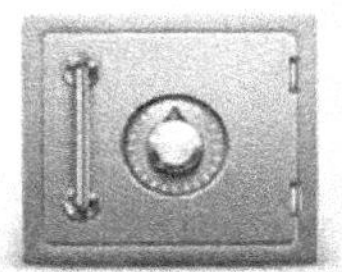

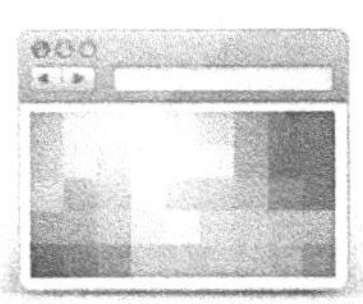

Ejemplo de un Prestashop montado para un proyecto de venta de productos y sistemas Biométricos de control de presencia y accesos

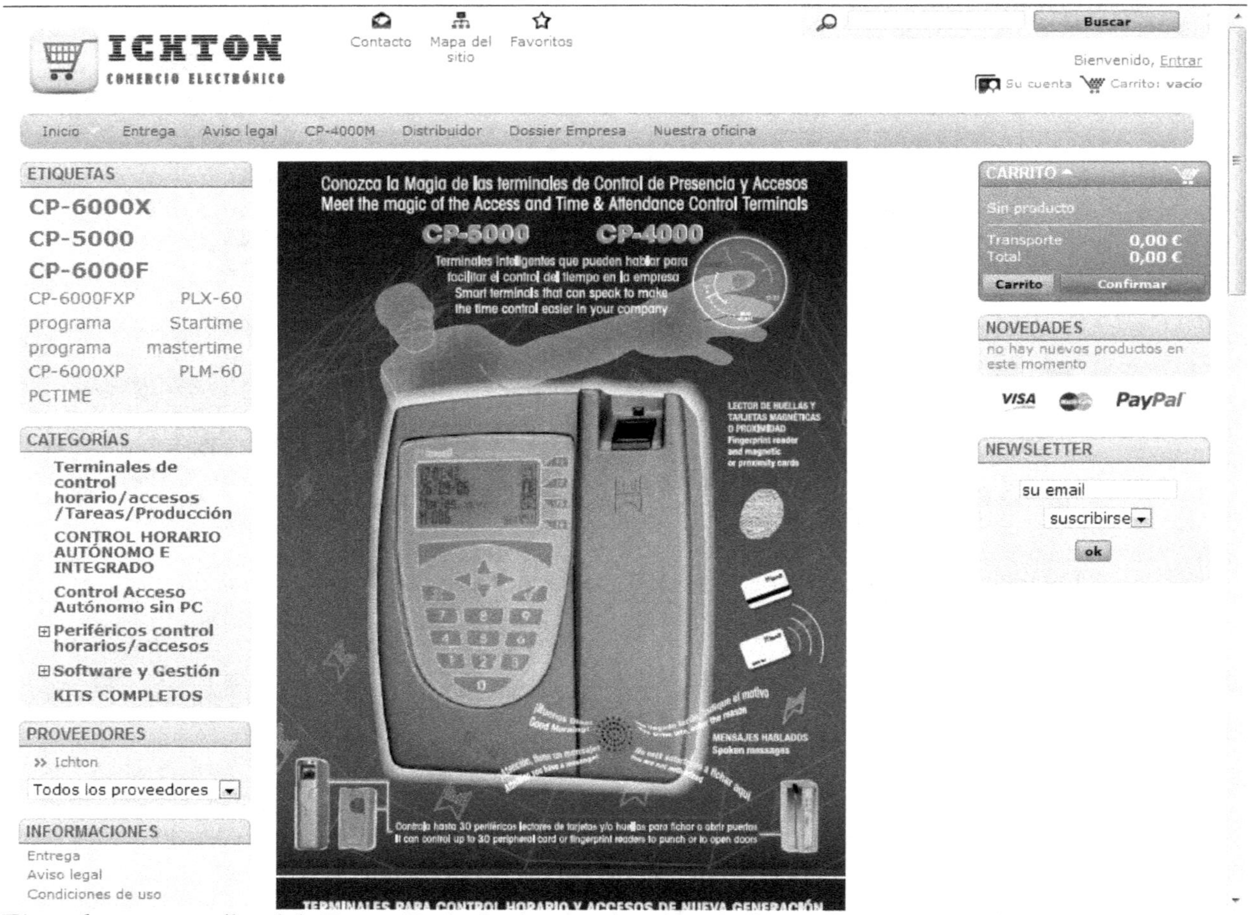

Ejemplo y pantalla del Front-End de la tienda virtual de comercio electrónico de productos biométricos, con kits de instalación y software apropiado a fábricas y grandes empresas.

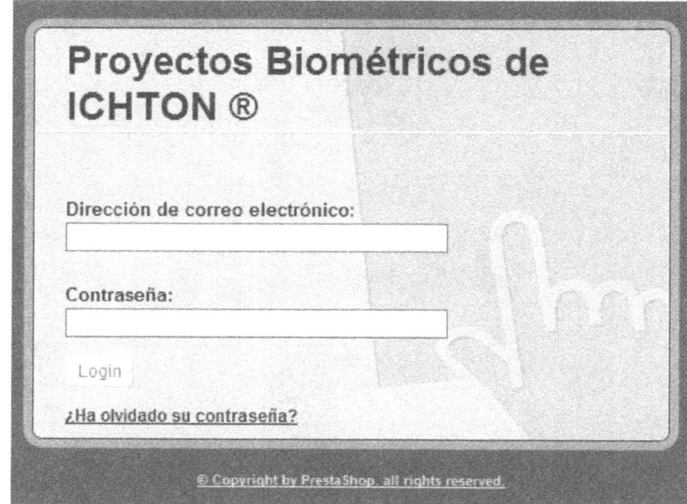

Pantalla de Login como Administrador y Gestores de contenidos y productos.

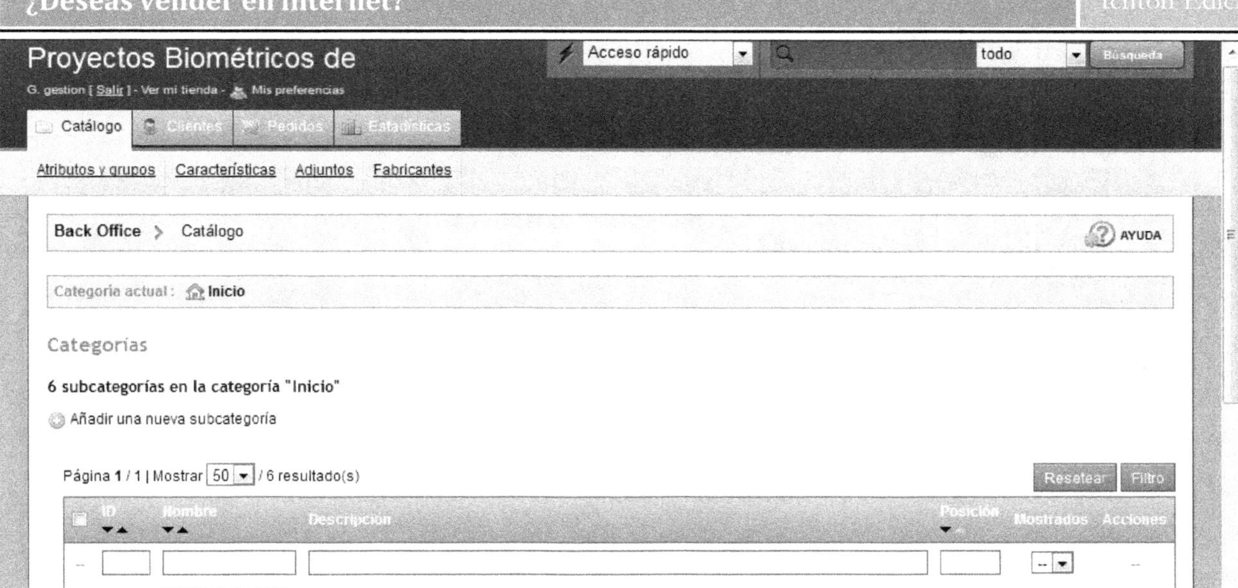

Ejemplo de pantalla del Back-End de la trastienda de mantenimiento, gestión y administración de la tienda virtual de productos biométricos. Mantenimiento de productos, familias, ventas, envíos, clientes, categorías, facturas, albaranes, tarifas, ofertas, promociones etc…

Listado de productos por categorías, con precio y cantidades.

SUGERENCIAS Y DUDAS EN FORO OFICIAL PRESTASHOP

Un lugar de obligada visita para acercarnos y profundizar en el aprendizaje de este magnífica plataforma de software libre como es Prestashop. Nos encontrarems con un listado enorme de usuarios, post, catwegorias, tutoriales, resoluciones de problemas, programación, componentes, software y FAQ de interés.

Instalar Prestashop en servidor local con Windows 7 y XAMPP

Optamos en primer luga por una instalación menos arriesgada como es en nuestro propio ordenador, así nos ayudará a conocer poco a poco el entorno desde que se instala y empezamos a trabajar con el.

Empezamos Prestashop.

PASO 1: Descargar el software

Descargamos el paquete de software, a día de hoy la última versión es 1.4.7., la podréis encontrar en castellano en el siguiente link: http://www.prestashop.com/es/descarga

No podemoa hacer nada con el empaquetado del software, hasta que no tengamos el servidor Apache montado localmente.

PASO 2: Instalar xammp

Prestashop es un CMS que se puede instalar en cualquier alojamiento que disponga de PHP y MySQL, intentaremos explicar cómo hacerlo Windows 7 (En Mac y Linux se hace de manera relativamente parecida).

Será necesario que instaléis previamente un paquete de software, existen varias alternativas, nosotros nos decantaremos por usar XAMPP. Lo podréis encontrar aquí:

http://www.apachefriends.org/en/xampp-windows.html

Durante la instalación, se os ofrecerá la posibilidad de instalar Apache y SQL como servicios. Nosotros os recomendamos no instalarlos y simplemente arrancarlos cuando sea necesario.

Para ello, una vez instalado, sólo tenéis que entrar al panel de control y pulsar los botones "START" tanto para Apache, como para MySQL (Ver imagen adjunta)

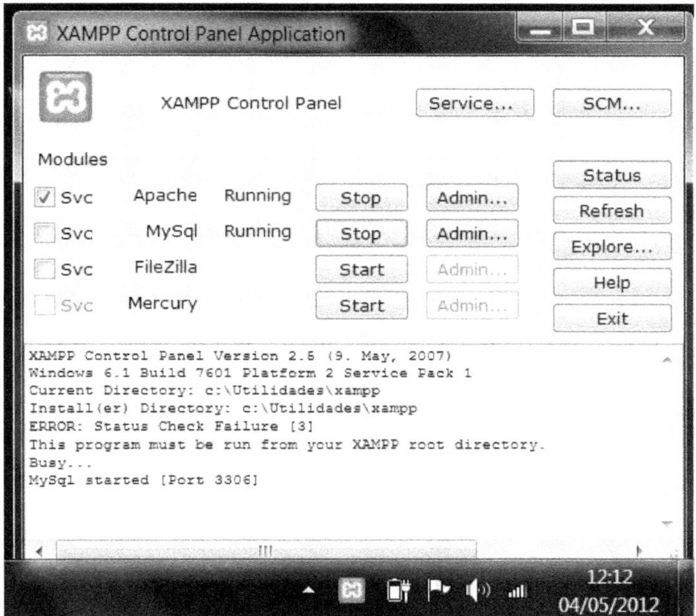

Para verificar que esto se ha hecho correctamente, escribid simplemente "localhost" en la barra de direcciones de vuestro navegador web, os debería salir algo parecido a la foto que os mostramos a continuación:

Recordad que esto es sólo para que montéis la tienda virtual en vuestro ordenador, no os permitirá ver la página web desde internet.

Pero si conseguir trabajar en local antes de actuazalir las actualizaciones y mejoras operativas y funcionando en real en internet sobre el dominio que tengamos contratado.

Es importante saber que podemos cargar Apache como servidor Web de manera manual siempre que queramos usarlo y trabajar en el servidor, o bien cargarlo como servicio en el sistema operativo, y nos garantizaremos que cargará automáticamente con el encendido del ordenador.

Tras Apache cargaremos lo demás servicios como el FTP y sobre todo Mysql como entorno gestor de bases de datos, de gran potencia, capacidad de registros y carga de usuarios concurrentes.

Para visitar nuestro servidor Web local visitaremos: http://localhost

Para visitar y gestionar nuestras bases de datos Mysql lo haremos en la dirección local http://localhost/phpmyadmin

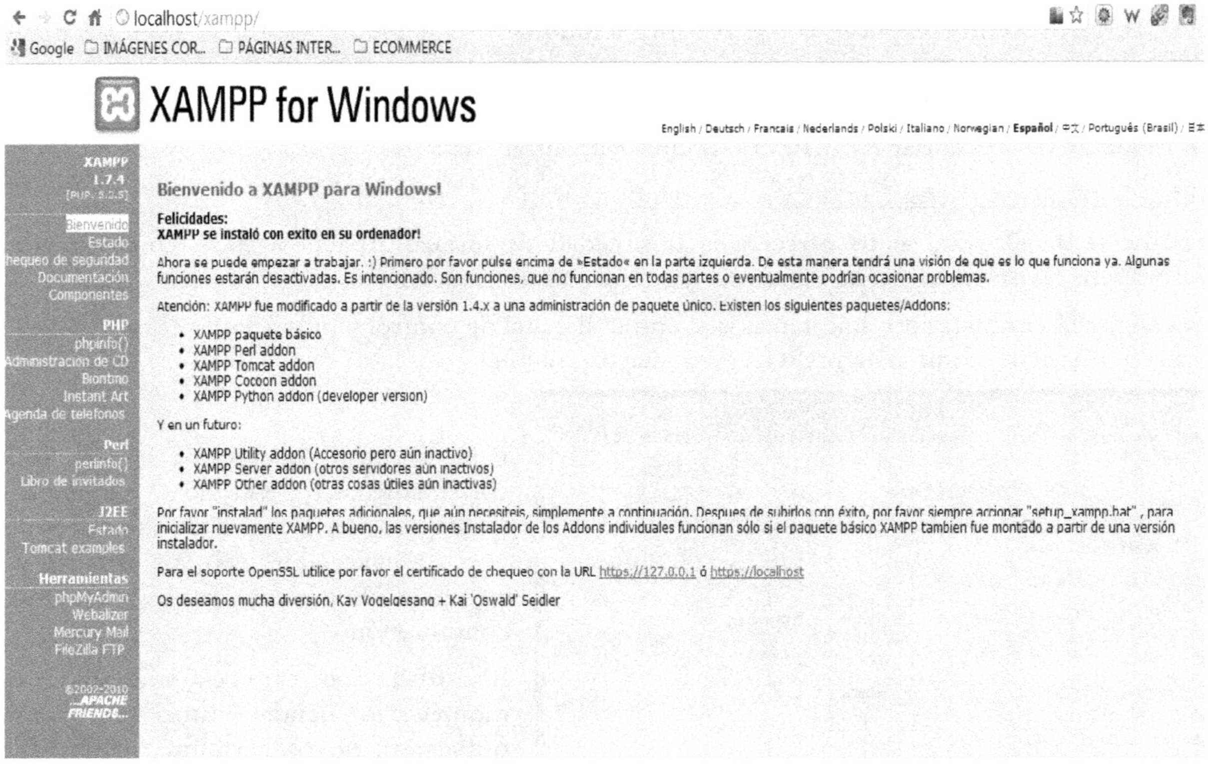

Imagen del navegador, donde aparece el contenido de XAMPP nua vez que lo hemos instalado correctamente.

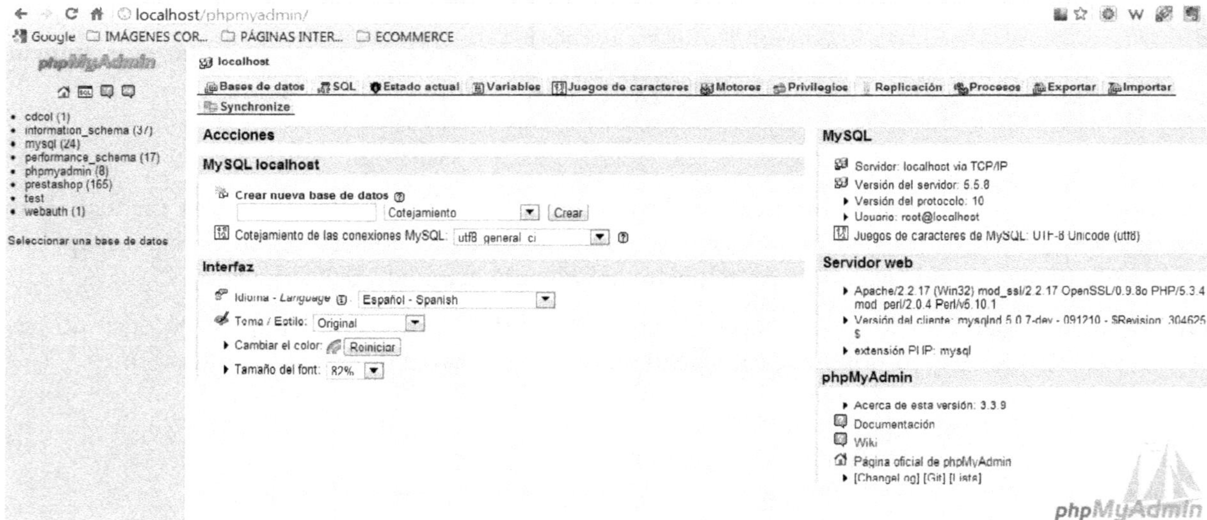

Pantalla de acceso a nuestras bases de datos desde navegador

PASO 3: Descomprimir Prestashop

La idea es que la descompresión se haga en la carpeta web, es decir, en la carpeta que XAMPP usará como raíz de vuestro servidor local. El directorio de la carpeta web por defecto es:

c:/xampp/htdocs/prestashop

No obstante, si instalaste XAMPP en otra ruta:

c:/ruta_en_la_que_instalaste_xampp/xampp/htdocs/prestashop

PASO 4: Creamos la base de datos

El siguiente paso es crear la base de datos a través de PHPmyadmin. Para acceder, procedemos como en el paso 2, abrimos el navegador y escribimos en la barra de direcciones lo siguiente:

http://localhost/phpmyadmin

Si es la primera vez que haces esto, tu usuario será "root" y tu contraseña déjala vacía. Deberías ver una ventana como la imagen que te mostramos. Crea una base de datos nueva y ponle el nombre de tu proyecto de tienda virtual. En el apartado Cotejamiento, selecciona utf8_bin, la razón de hacer esto es porque nos va a permitir usar caracteres de la mayoría de los idiomas.

PASO 5: Instalamos Prestashop

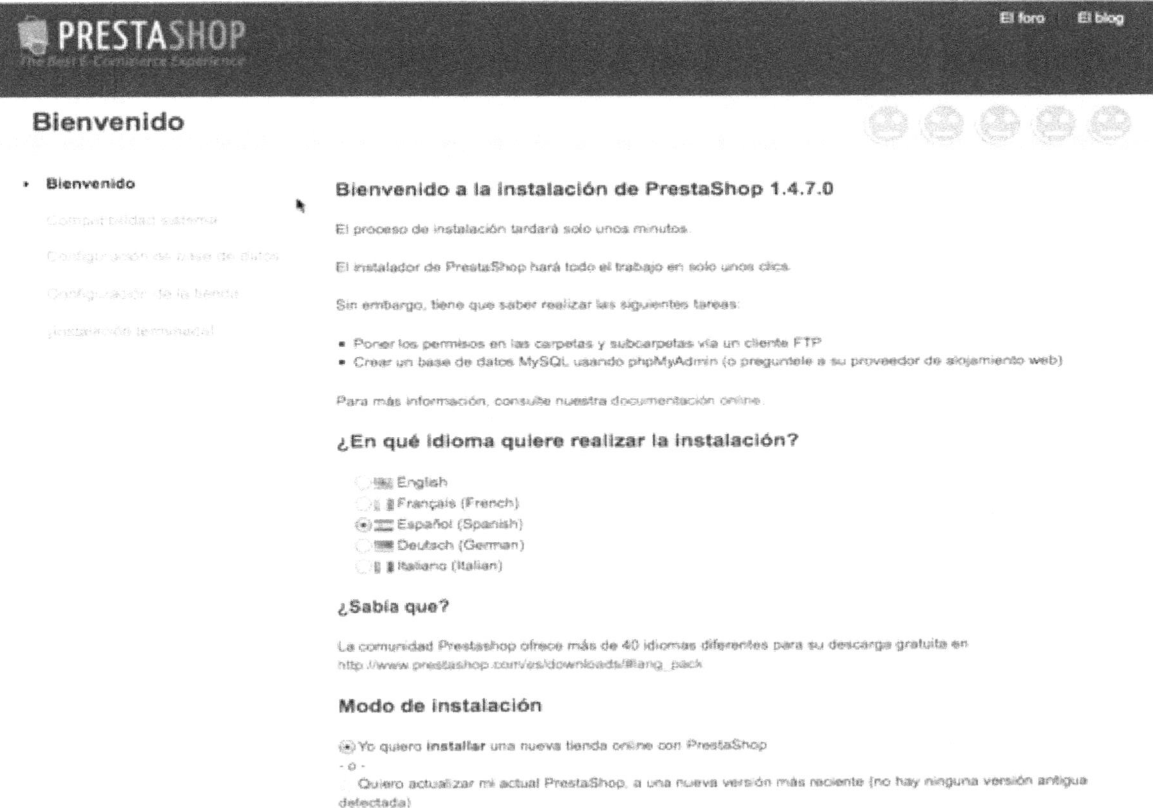

Una vez hecho todo lo anterior, pondremos en la barra de direcciones del navegador lo siguiente:

http://localhost/prestashop

Y ya aparecerá la ventana relativa al proceso de instalación de Prestashop (ver imagen adjunta), a partir de aquí el trabajo es muy sencillo y ellos se encargan de verificar la compatibilidad del sistema, la configuración de la base de datos y de guiarte en la configuración de la tienda.

Si todo ha ido bien está será la apariencia de tu nueva tienda

PASO 6: Experimentar

Haz pruebas con la tienda por defecto, sube nuevos productos, toca los menús, explora los paneles de gestión… A partir de ahora puedes tomar mejores decisiones acerca de qué CMS de e-commerce elegir para tu futura tienda virtual

*NOTA: Instalar Prestashop en un ordenador local usando Mac es muy parecido, basta con instalar MAMP Server en lugar de XAMPP y proceder del mismo modo. Lo podéis encontrar pinchando aquí:

http://www.mamp.info/en/downloads/index.html

Una vez hayáis conseguido instalar Prestashop, para instalarlo en un servidor público y que pueda ser visitado por cualquier internauta del mundo, es de lo más sencillo, bastará con subir todos los ficheros por FTP al servidor real y en la carpeta que queramos siempre que no cuelgue del raíz por motivos de seguridad.

Cualquier subcarpeta es buena para subir una instancia de vuestra tienda virtual. Ponedle un nombre original y que tenga que ver con la tienda, los productos que se van a vender pero no podréis ponerles espacios en blanco al nombre en todo caso líneas de subrayado como **tpv_pc** por poner un ejemplo y esta carpeta colgará de vuestro directorio **/root**

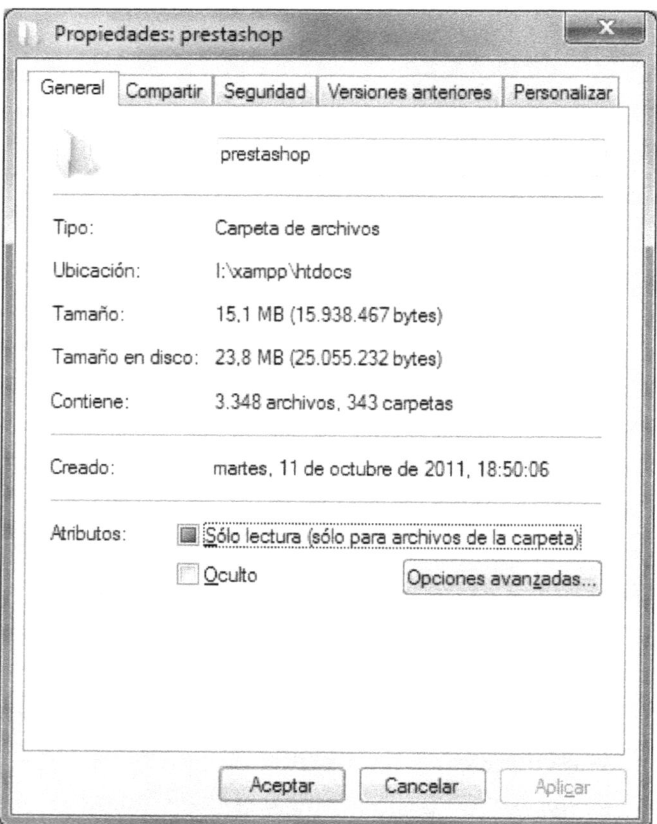

Es cierto que la tarea es larga ya que consta de aproximadamente 3.384 ficheros en 343 carpetas, unos 24 Megas de información que tarda en subir por FTP al servidor real.

Todo el entorno es necesario (en la siguiente página se muestra la relación de carpetas y ficheros del sistema completo Prestashop),

La gran mayoría de ficheros son código fuente programable, editable y modificable de lenguaje .PHP que junto a los ficheros de fotos de artículos, grafismos .jpg, librerías, estructuras .TPL, .CSS de estilos, html y el acceso parametrizado a base de datos hace que sea un entorno de comercio electrónico seguro, potente, reconfigurable, y sobre todo muy abierto.

RELACCIÓN DE CARPETAS Y FICHEROS EN DISCO DE PRESTASHOP

admin	classes	config
css	docs	download
img	install	js
mails	modules	nature_theme
themes	tools	translations
upload	404.php	address.php
addresses.php	attachment.php	authentication.php
best-sales.php	cart.php	category.php
changecurrency.php	CHANGELOG	cms.php
contact-form.php	discount.php	footer.php
get-file.php	header.php	history.php
identity.php	images.inc.php	index.php
init.php	manufacturer.php	my-account.php
new-products.php	order.php	order-confirmation.php
order-detail.php	order-follow.php	order-return.php
order-slip.php	pagination.php	password.php
pdf-invoice.php	pdf-order-return.php	pdf-order-slip.php
prices-drop.php	product.php	product-sort.php
readme_en.txt	readme_es.txt	readme_fr.txt
search.php	sitemap.php	sitemap.xml
statistics.php	supplier.php	

Listado de carpetas y ficheros elementales una vez que se ha instalado todo el entorno Prestashop

PASOS EN LA INSTALACIÓN TRAS DESCOMPRIMIR

Introducción

Tabla de contenidos

        - Lanzamiento del auto-instalador
        - Finalización de la instalación
        - Información diversa
    - Actualización de PrestaShop
    - Desinstalación de PrestaShop

Introducción a PrestaShop 1.4

Ya sea para expertos o principiantes en computadoras, la solución de comercio electrónico PrestaShop le permite trasladar cualquier negocio a Internet.

Con la facilidad de acceder desde cualquier computadora con un navegador web estándar, PrestaShop puede ser administrada desde cualquier parte del mundo donde exista acceso a Internet. Actualice su página de inicio, agregue nuevos productos, revise el estado de los pedidos – sólo necesita un nombre de usuario y contraseña de PrestaShop.

Esta guía de Introducción le enseñará cómo:

1. Verificar que el servidor satisfaga los requisitos del sistema.
2. Instalar PrestaShop en su servidor de hosting.
3. Actualizar PrestaShop a la versión más reciente.
4. Desinstalar PrestaShop.

Requisitos Técnicos

Antes de descargar o instalar, necesita proporcionar un "hogar" para su tienda virtual PrestaShop. Esto significa que sus archivos deben residir en un servidor Web. Pudiera tener un servidor propio, pero es más probable que tenga que utilizar un servicio de hosting de Internet para su tienda, el cual le proporciona un hogar en línea por unos cuantos euros al mes.

Usted necesita un nombre de dominio para su tienda. Aunque muchos web host ofrecen un dominio gratis con una cuenta nueva, usted puede comprar uno a través de un registrador de nombres de dominio independiente.

☑ PrestaShop puede alojar su negocio en línea en sus servidores web locales; consulte nuestro sitio PrestaBox para obtener más detalles sobre nuestro económico y seguro servicio de hosting. Este servicio es altamente recomendable para negocios con limitada experiencia en Internet o computadoras. Nosotros instalamos y actualizamos PrestaShop para usted.

El servicio de hosting elegido debe tener los siguientes componentes instalados en el espacio del servidor:

- **Sistema**: Unix, Linux o Windows. Unix es altamente recomendable
- **Servidor web**: Apache Web server 1.3 y posteriores

- **PHP 5.2 y posteriores**. (Quizás deberá activar PHP 5 en su servidor de hosting, vea abajo.)
- **My SQL 5.0 y posteriores**.
- Como mínimo 32Mb de RAM en su servidor (64Mb es adecuado, pero mientras más, mejor).

PrestaShop funciona con PHP 5.1 y posteriores, pero las versiones inferiores a 5.2 poseen errores que pueden prevenir que algunas funciones trabajen correctamente (zona horaria o fecha inválida). PrestaShop también puede ser utilizado con el servido de Microsoft IIS 6.0 y posteriores; y nginx 1.0 y posteriores.

Instalación de PrestaShop

Descarga y descompresión del archivo PrestaShop

Puede descargar la última versión de PrestaShop en http://www.prestashop.com/es/descarga. Esta página le muestra un formulario informal, el cual permite al equipo PrestaShop conocer mejor a los usuarios. Si no desea rellenar el formulario, sólo haga clic al botón "Descargar Ahora".

Ahora, guarde el archivo en su computadora (en el escritorio por ejemplo). Debe obtener un archivo llamado "prestashop_1.4.6.2.zip" (o el equivalente, dependiendo de los números de la versión).

☑ La descarga mostrará un archivo comprimido el cual contiene los datos de PrestaShop. Para poder continuar con el proceso, debe descomprimir este archivo. Si su sistema operativo no admite de forma nativa archivos ZIP, puede descargar e instalar una herramienta gratuita como 7-zip.

Extraiga el contenido del archivo comprimido a un lugar conocido en su disco duro (en el escritorio). **No cargue el archivo Zip en su servidor**.

Carga de PrestaShop

Con un espacio de hosting a su disposición y una carpeta en su disco duro con el archivo PrestaShop descomprimido, el siguiente paso es cargar los archivos PrestaShop en su espacio de hosting. Esto se logra mediante un cliente FTP.

Instalación y configuración del cliente FTP

FTP es el acrónimo de "Protocolo de Transferencia de Archivos". Un cliente FTP destacado y gratuito es FileZilla. Descargue e instale este gran software. Nota: ¡No descargue FileZilla Server, sólo FileZilla Client!

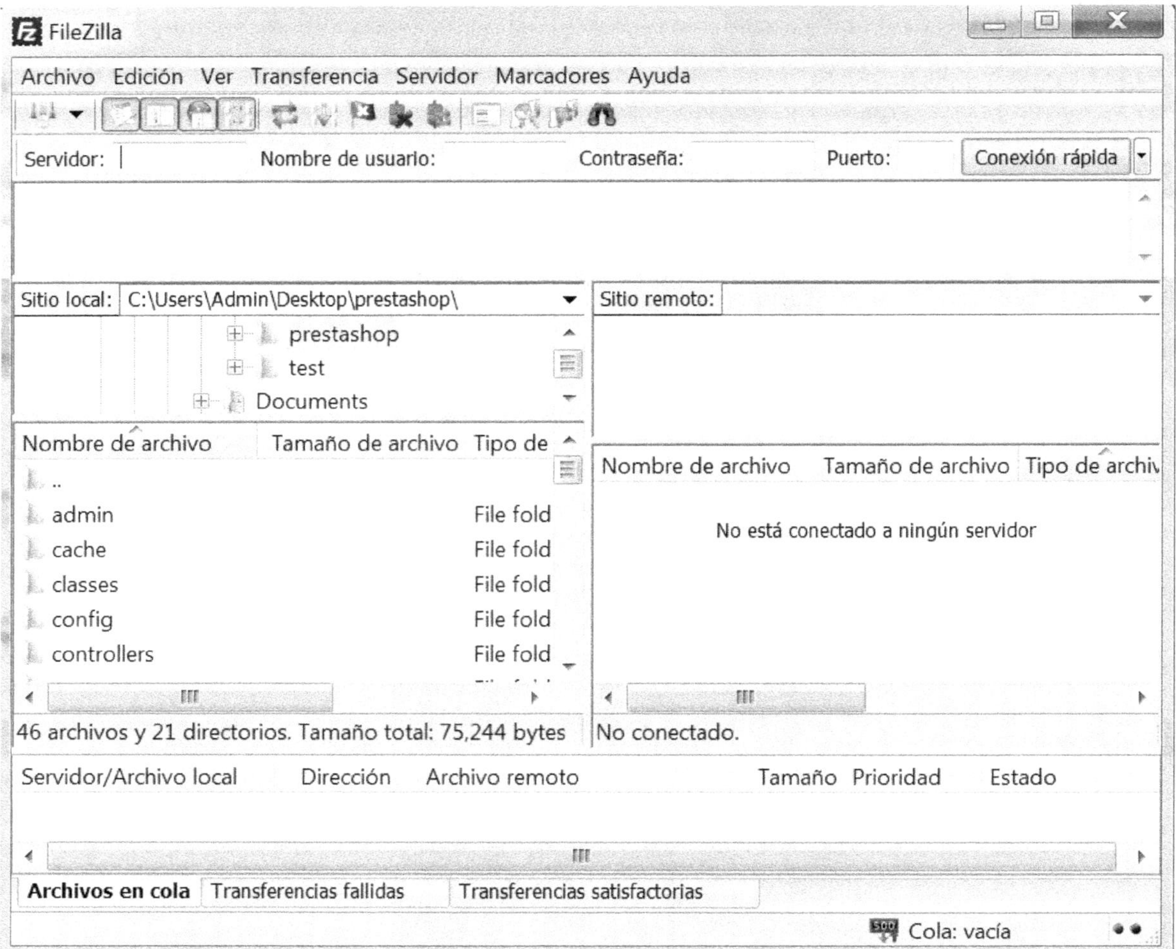

Una vez que FileZilla esté instalado, necesitará configurarlo con los parámetros de su sitio, los cuales deberían haber sido enviados por su proveedor de hosting. Si no es así, solicítelos o revise su carpeta de correo no deseado. ☺

Los parámetros necesarios son:

- **un nombre de host** o una dirección IP: la ubicación del espacio de hosting del servidor FTP.
- **un nombre de usuario**: el cual identifica su cuenta de hosting y es único.
- **una contraseña**: medida obligatoria de seguridad.

Abra FileZilla y acceda a la herramienta de Gestor de Sitios. Lo puede realizar de 3 maneras diferentes:

- Presione Ctrl+S
- Haga clic en el ícono "Abrir el gestor de sitios", en la parte superior izquierda.
- Abra el menú de "Archivo", y seleccione la opción "Gestor de Sitio…"

Se abrirá una ventana,

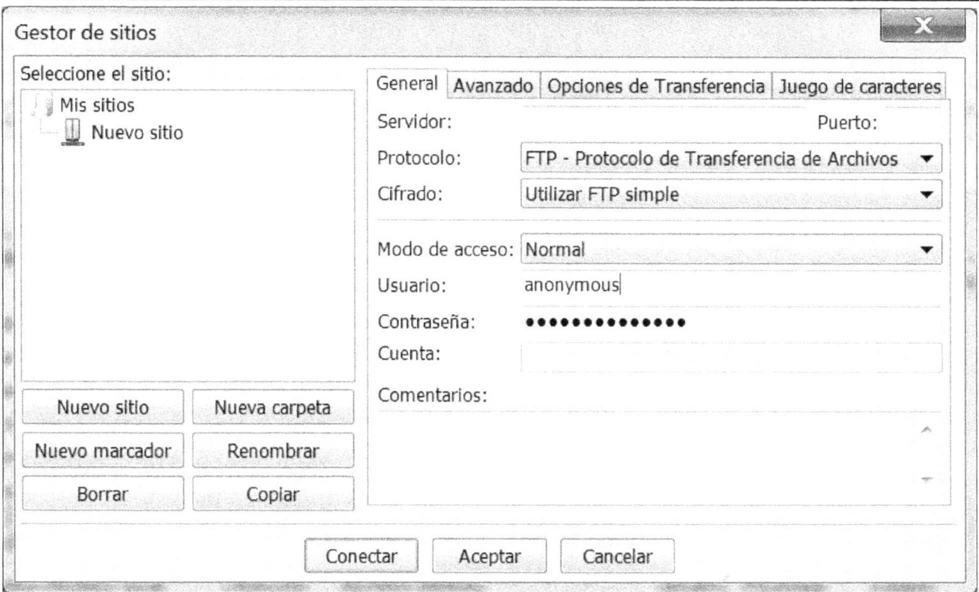

Para agregar su espacio de hosting al Gestor de Sitio:

1. Haga clic en el botón "Nuevo Sitio". Una nueva entrada será creada en la lista de sitios. Ofrezca a su sitio un nombre reconocible.

2. Al lado derecho, en la pestaña "General", ingrese los parámetros proporcionados por su host: nombre de host, usuario, contraseña. No debería cambiar los parámetros predeterminados, a menos que se lo indiquen.

3. Una vez que todos los campos han sido rellenados, haga clic en el botón "Conectar". Esto guardará su sitio en la lista y le hará ingresar en su cuenta, para que usted pueda verificar que todo funciona correctamente.

Carga de sus archivos

Ahora que se encuentra conectado al espacio de hosting, ha llegado el momento de transferir los archivos de PrestaShop, de su computadora a su servidor.

En FileZilla (o cualquier otro cliente FTP), navegue sus carpetas locales hasta que encuentre la que contiene los archivos PrestaShop. Manténgala abierta.

En la sección "Sitio Remoto" (a la derecha), navegue al lugar donde desea que PrestaShop esté disponible públicamente (raíz del dominio, sub-carpeta, sub-dominio...). Este puede tener muchos cambios, dependiendo del host y de sus necesidades:

- Su host:
  - Algunos hosts pueden requerir que coloque sus archivos en una carpeta específica, como /htdocs, /public_html, /web, /www, /yourdomainname.com, etc.
  - Otros host de servidor FTP simplemente le dejarán iniciar directamente al espacio de carga apropiado.
- Sus necesidades:

- Si desea que su tienda sea el sitio web principal para el nombre de su dominio (ej. http://www.myprestashop.com), cargue PrestaShop en la carpeta raíz del espacio de carga (la cual puede depender del host).

- Si desea que su tienda se encuentre en una sub-carpeta del nombre de dominio (http://www.mywebsite.com/shop), primero deberá crear dicha carpeta a través de FileZilla (clic-derecho y elija "Crear directorio"), luego cargue PrestaShop en esa carpeta.

- Si desea que su tienda se encuentre en un sub-dominio de su nombre de dominio (http://shop.mywebsite.com), primero deberá crear dicho sub-dominio. Esto depende de su host: podrá realizarlo simplemente al agregar una nueva carpeta con su cliente FTP o puede crear el sub-dominio a través del panel de administración del host. Lea primero la documentación de soporte del host. Una vez creado, busque la carpeta del sub-dominio y cargue PrestaShop en la carpeta.

En el lado izquierdo de FileZilla, debe encontrar la carpeta local donde descomprimió los archivos PrestaShop, y en el lado derecho el lugar de destino. Si no lo ha realizado aún, cargarla es muy simple: seleccione todos los archivos y carpetas de la carpeta local (utilice Ctrl-A); y arrastre-suelte en la carpeta remota, o haga clic-derecho en la selección y elija "Cargar" en el menú del contexto.

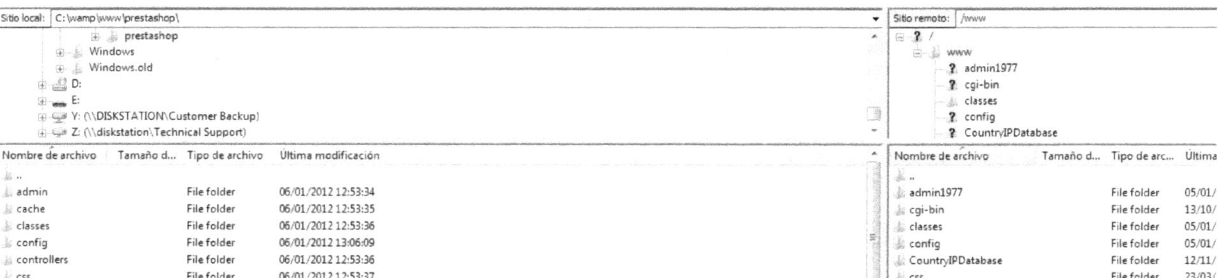

Después de un momento, todos los archivos y carpetas PrestaShop deberán estar en línea. ¡Genial!

Creación de una base de datos para su tienda

Antes de instalar PrestaShop, asegúrese que el servidor MySQL tenga una base de datos lista para la información de PrestaShop, si no es el caso debe crear una. Esto se puede lograr utilizando la herramienta gratuita phpMyAdmin, la cual debiera encontrar pre-instalada en su servidor web (lea la documentación del host). Conéctela utilizando las credenciales de su cuenta proporcionadas por el host, la cuenta debe ser accesible mediante un URL estándar, ligado a su nombre de dominio o al de su host.

Bases de datos

En la columna izquierda, usted puede observar la base de datos actual. Algunas debieran mantenerse intactas, ya que pueden ser utilizadas por phpMyAdmin o por el host: phpmyadmin, mysql, information_schema, performance_schema y otros. Lea la documentación del host para conocer si alguna de ellas puede ser utilizada como la base de datos predeterminada.

De cualquier manera, usted puede crear una base de datos completamente nueva utilizando el formulario central "Crear nueva base de datos". Simplemente introduzca un nombre único, y haga clic en "Crear". El nombre de la base de datos será agregado a la lista. Ahora puede utilizarlo para almacenar la información de PrestaShop.

Algunos hosts prefieren que sus clientes utilicen un panel de control gráfico, como cPanel, Plesk o uno personalizado. Asegúrese de leer la documentación de soporte de su host acerca de cómo crear las bases de datos MySQL y cree una base de datos para su tienda siguiendo las explicaciones específicas.

Lanzamiento del auto-instalador

Ahora llega el momento de unir todo: Instalación de PrestaShop.

El proceso de instalación es muy sencillo, ya que se hace más eficiente con el auto-instalador PrestaShop. Para iniciar el lanzamiento, ubique PrestaShop en su hosting: el archivo de órdenes detectará automáticamente que aún no se encuentra instalado, y le llevará al auto-instalador. Desde allí, sólo tiene que leer y hacer clic.

Paso 1: Página de Bienvenida

Esta página es una breve introducción al proceso de instalación.

¿En qué idioma quiere realizar la instalación?

- English
- Français (French)
- Español (Spanish)
- Deutsch (German)
- Italiano (Italian)

¿Sabía que?

La comunidad Prestashop ofrece más de 40 idiomas diferentes para su descarga gratuita en http://www.prestashop.com/es/downloads/#lang_pack

Modo de instalación

Yo quiero **instalar** una nueva tienda online con PrestaShop

- o -

Quiero actualizar mi actual PrestaShop, a una nueva versión más reciente (no hay ninguna versión antigua detectada)

Contrato de Licencia

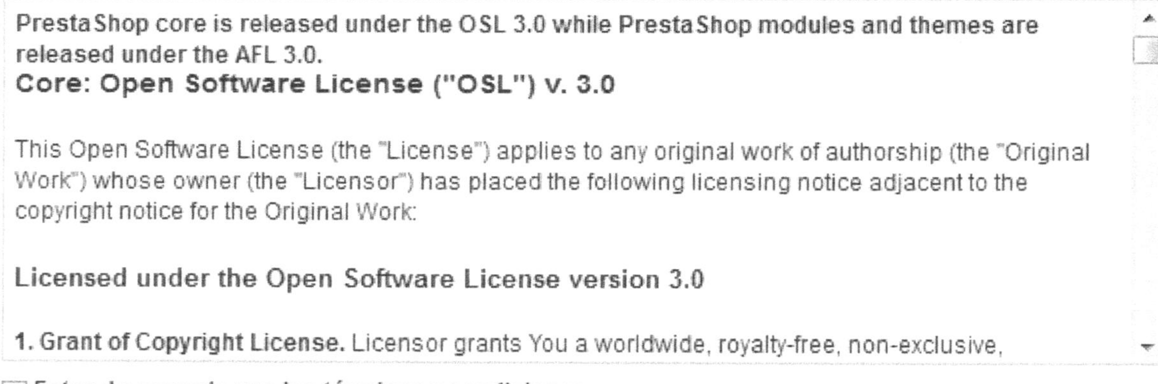

PrestaShop core is released under the OSL 3.0 while PrestaShop modules and themes are released under the AFL 3.0.
Core: Open Software License ("OSL") v. 3.0
This Open Software License (the "License") applies to any original work of authorship (the "Original Work") whose owner (the "Licensor") has placed the following licensing notice adjacent to the copyright notice for the Original Work:
Licensed under the Open Software License version 3.0
1. Grant of Copyright License. Licensor grants You a worldwide, royalty-free, non-exclusive,

Estoy de acuerdo con los términos y condiciones.

Anterior Siguiente

1. Seleccione el idioma que desea para el instalador.
2. Seleccione si desea instalar o actualizar PrestaShop (si es la primera vez, sólo puede instalar)
3. Lea el contrato de licencia PrestaShop (Open Software License 3.0).

Para acceder al siguiente paso, debe marcar la casilla "Estoy de acuerdo con los términos y condiciones", luego hacer clic en "Siguiente". Si no está de acuerdo explícitamente con la licencia, no podrá instalar PrestaShop.

Pasos 2 & 3: Compatibilidad y configuración del sistema

La segunda página hace una revisión breve de todos los parámetros del servidor en su host y si no encuentra ningún error, lo lleva directamente al tercer paso.

Compatibilidad del sistema

Esta página revisa que todo se encuentre bien con la configuración de su servidor: Ajustes PHP, permisos en archivos y carpetas.

Para que no haya sorpresas ni problemas de última hora que no pueda ser resuelto, es fundamenta elegir antes el servidor de alojamiento para nuestro entorno completo, versión de Apache, versión de PHP, versión de Mysql, si alguna de estas versiones que corren en el servidor de manera estándar no se corresponde por obsoletas ó por cualquier otra característica ó requisitos del sistema no llevará a un bune problema de incompatibilidad con lo que queremos implantar.

Lo más inoportuno y problermático seria la opción de tener que cambiar de servidor debido a que no nos sirve por las versiones nativas que tienen instaladas de base. Vuelvo a reitera la importancia de elegir un buen hosting y saber de antemano que versiones nos permiten instalar.

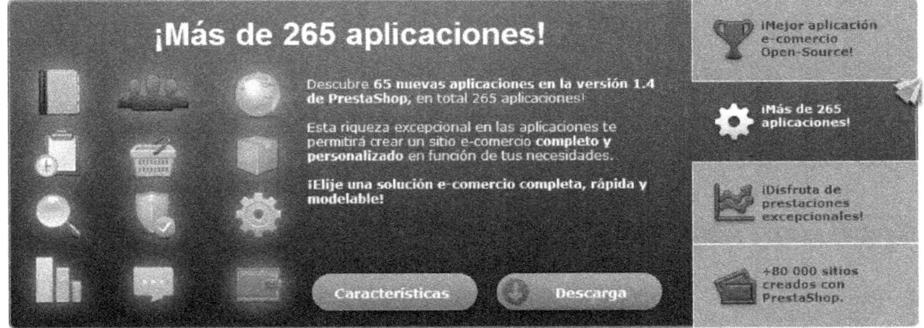

✓ Su configuración es válida, haga clic en "Siguiente" para continuar

PHP parámetros (para assistencia, preguntale a su proveedor de alojamiento web)

PHP 5.0 o superior instalado	✓
Envío de archivo autorizado	✓
Creación de nuevas carpetas y archivos autorizados	✓
Librería GD instalada	✓
El soporte de MySQL está activado	✓

Permiso de escritura en los archivos y carpetas :

/config	✓
/tools/smarty/compile	✓
/tools/smarty/cache	✓
/tools/smarty_v2/compile	✓
/tools/smarty_v2/cache	✓
/sitemap.xml	✓
/log	✓

Permiso de escritura en las carpetas (y sus subcarpetas) :

/img	✓
/mails	✓
/modules	✓
/themes/prestashop/lang	✓
/themes/prestashop/cache	✓
/translations	✓
/upload	✓
/download	✓

Parámetros opcionales

PHP parámetros (para assistencia, preguntale a su proveedor de alojamiento web)

Apertura autorizada de URL externas	✓
La opción PHP "register global" está desactivada (aconsejable)	✓
La compresión GZIP está activada (aconsejable)	✓
Mcrypt está disponible (aconsejable)	✓
La opción PHP "magic quotes" está desactivada (aconsejable)	✓
Dom extension loaded	✓

Comprobar de nuevo

Si algo sale mal, el instalador continúa en este paso, permitiendo revisar los detalles técnicos que necesitan ser corregidos, ya sea cambiar la configuración PHP o actualizar los permisos de archivo.

Modificaciones de configuración PHP sólo pueden ser realizadas caso por caso dependiendo de su nivel de acceso al servidor. Actualizar los permisos de archivos le permitirá acceder a sus archivos remotos, por lo tanto utilice su cliente FTP (Filezilla u otro).

Inicie la sesión de la cuenta de su servidor utilizando su cliente FTP, explore la carpeta PrestaShop y encuentre las carpetas que se encuentran marcadas por el instalador como "necesitadas de un cambio en los permisos".

CHMOD

Cambiar los permisos de archivo/carpeta en un sistema Unix/Linus denominado "CHMOD" - como el comando del mismo nombre (puede encontrar una explicación de los permisos de archivos aquí). Ofrecerles "permisos escritos" también se conoce como "hacer un CHMOD 755" o "un CHMOD 775", dependiendo del host.

Algunos hosts pueden requerir que elija CHMOD 777, aunque no es recomendable más que para necesidades extraordinarias.
Si tiene que utilizar CHMOD 777 para instalar PrestaShop, asegúrese de cambiar a una opción segura (775,755, o hasta 644) una vez que termine la instalación.

De cualquier manera, gracias a FileZilla (y la mayoría de clientes FTP), usted puede cambiar permisos fácil y gráficamente: una vez que encontre un archivo o carpeta que necesite dicho cambio, haga clic-derecho desde su cliente FTP, y en el menú de contexto elija "Permisos de archivos…". Le abrirá una pequeña ventana.

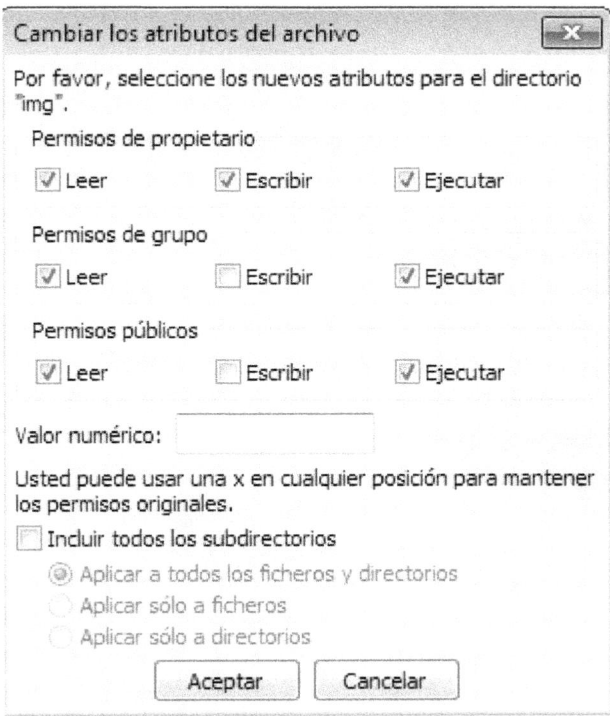

Dependiendo de la configuración del servidor (la cual no está siempre a su disponibilidad), necesitará "Leer" y Ejecutar" las columnas de la casillas marcadas y las hileras de "Propietario" y "Grupo" con la columna "Escribir". Algunos host le pueden requerir marcar la casilla "Escribir" en la hilera "Públicos", pero tenga cuidado con eso: que alguien pueda editar el contenido de su carpeta no es nada bueno.

Para carpetas en las cuales el instalador necesita un cambio recurrente en los permisos, puede marcar la casilla "Incluir en subdirectorios".

Revise que haya marcado correctamente utilizando la compatibilidad del instalador: haga clic en "Reestablecer estas opciones" las veces que sean necesarias.

Una vez que los indicadores se encuentren en verde puede hacer clic en “Siguiente”. Si no los tiene todos en verde, asegúrese que el instalador muestre “¡Su configuración es válida, haga clic para continuar!”

Configuración del sistema

Esta página contiene un formulario que le permite informar a PrestaShop dónde se encuentra el servidor de la base de datos y qué base de datos debe utilizar el servidor, además de otros detalles.

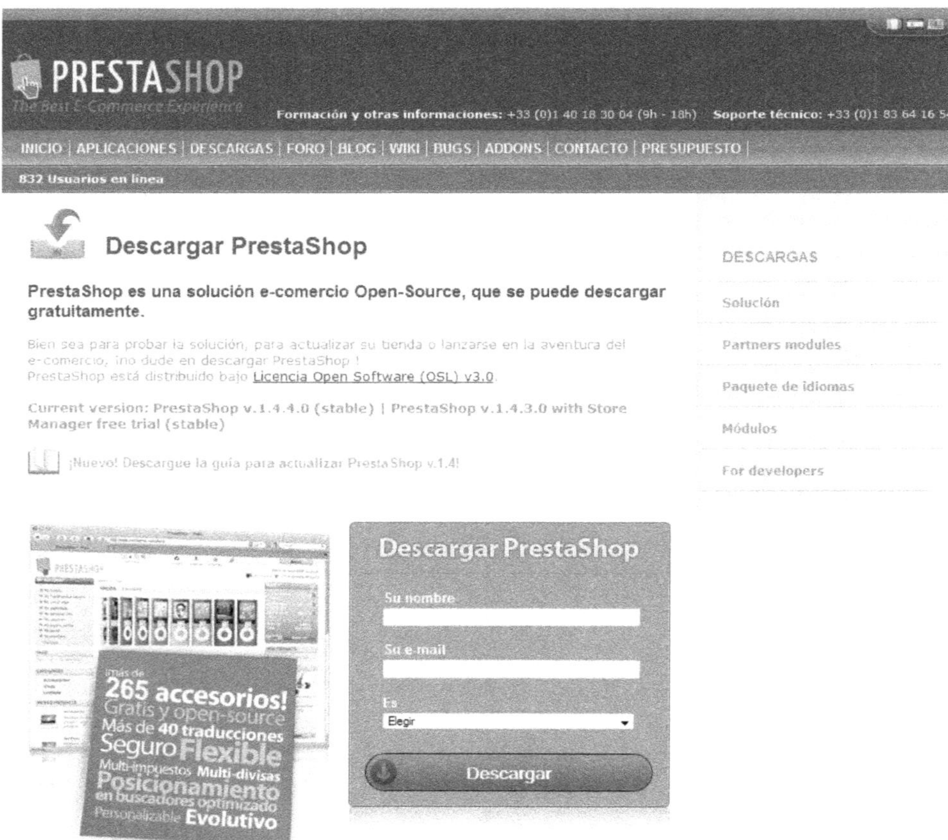

Configure su base de datos llenando los siguientes campos:

Por favor crear un base de datos MySQL y despues verifique sus parámetros debajo, para assistencia por favor preguntale a su proveedor de alojamiento web.

Servidor: localhost

Nombre de la base de datos: prestashop

Inicio de la base de datos root

Contraseña de la base de datos

Tipo de base de datos: InnoDB

Prefijo de las tablas: ps_

¡Pruebe ahora!

Tipo de instalación

Modo básico: instalación simplificada (GRATIS)

- o -

Modo completo: con **100 módulos incluididos** y productos de demostración (GRATIS)

Parámetros de envío de emails

Configurar el envío SMTP (expertos únicamente)

Por defecto, se utilizará la función PHP 'mail()'

introduzca@su.email ¡Envieme un email de prueba!

Anterior Siguiente

Configuración de la base de datos

Complete todos los campos con la información de conexión proporcionada por su web-host, junto con el nombre de la base de datos elegido/creado por PrestaShop, luego haga clic en el botón de "¡Verifique ahora!" para revisar que todo se encuentre bien. Si es así, el instalador mostrará el siguiente mensaje: "La base de datos está conectada".

Elija el prefijo de las tablas. "ps_" es el predefinido, por lo tanto la tabla PrestaShop SQL tiene nombres como "ps_cart" o "ps_wishlist"; pero si necesita instalar más de un caso de PrestaShop en la misma base de datos, entonces debe utilizar un prefijo para cada instalación.

Tipo de instalación

Existen 2 modos:

- Modo simple: un PrestaShop vacío y en blanco será instalado. No tendrá módulos, temas, ni productos/categorías de demostración: tendrá que construirlo todo usted mismo. Este modo es muy bueno si sabe lo que hace.
- Modo completo: PrestaShop será instalado con un tema, más de cien módulos, y algunos productos y categorías de demostración. Este modo es muy bueno para nuevos instaladores, ya que les enseña cómo utilizar PrestaShop... y puede servir como una buena base para su tienda, después de eliminar las categorías y productos de demostración.

Parámetros de envío de emails

PrestaShop confía plenamente en notificaciones de correo electrónico de parte del propietario de la tienda y sus clientes. Este formulario le posibilita probar si la configuración del servidor actual le permite enviar correo electrónico utilizando la función PHP mail(). Si no es el caso, entonces revise la casilla "Configurar SMTP manualmente" para configurar su propio servidor de correo. Note que esta función esta reservada para usuarios avanzados.

Haga clic en "Siguiente", y el instalador completarà la base de datos con información y tablas. Esto puedo tomar unos cuantos minutos en un servidor lento.

Paso 3: Configuración de la Tienda

Aquí es cuando puede comenzar a personalizar su tienda: ofrézcale un nombre y logo, indique su actividad principal, indique la información personal del propietario de la tienda.

Contacto

Mapa del sitio

Favoritos

Inicio Entrega Aviso legal CP-4000M Distribuidor Dossier Empresa Nuestra oficina

Información sobre el vendedor

Nombre de la tienda: *

Actividad principal: -- Elija una actividad -- — *Esta información no es obligatoria, solo se utilizará para estadísticas. Proporcionarla o no, no cambiará nada en su tienda.*

País por defecto: España *

Zona horaria de la tienda: Europe/Madrid *

Logo de la tienda: PRESTASHOP The Best E-Commerce Experience — *Dimensiones recomendadas: 230px x 75px*

Browse...

Modo Catálogo: Sí / No — *Si activa esta opción, se desactivarán todas las aplicaciones de compra. Puede activar dicha opción posteriormente en el panel de administración.*

Nombre: *

Apellido: *

Dirección de email: *

Contraseña de la tienda: *

Confirmar la contraseña: *

Recibe estos datos por email — *Esta opción se puede bloquear si su configuración de correo electrónico está incorrecta, por favor desactivarla si usted no puede moverse a la siguiente etapa.*

Siguiente

Note que el logo aparecerá:

- En todas las páginas de su tienda.
- En su back-office.
- En todos los correos enviados a sus clientes.
- En todos sus documentos de contrato (recibos, autorizaciones de devolución, etc.)

Es altamente recomendable que no mantenga el logo por defecto de PrestaShop, por razones obvias.

Puede elegir utilizar PrestaShop simplemente como catálogo, el cual deshabilitará las compras y funciones de pago, aunque sea temporalmente. Esto es útil cuando configura su tienda por primera vez, ya que asegura que ninguna compra se realizarà hasta que no se encuentre listo para permitir al público comprar en su sitio. Puede eliminar el modo catálogo posteriormente, en la sub-pestaña "Preferencias">"Productos".

La página finaliza con unos cuantos "Beneficios adicionales", los cuales son módulos que están promocionados de manera especial por el instalador. Puede elegir instalarlos si desea.

Haga clic en "Next": ¡su tienda esta en línea!

Finalización de la instalación

Como puede observar en la página final del proceso de instalación, debe realizar unas cuantas acciones finales antes de poder empezar a vender.

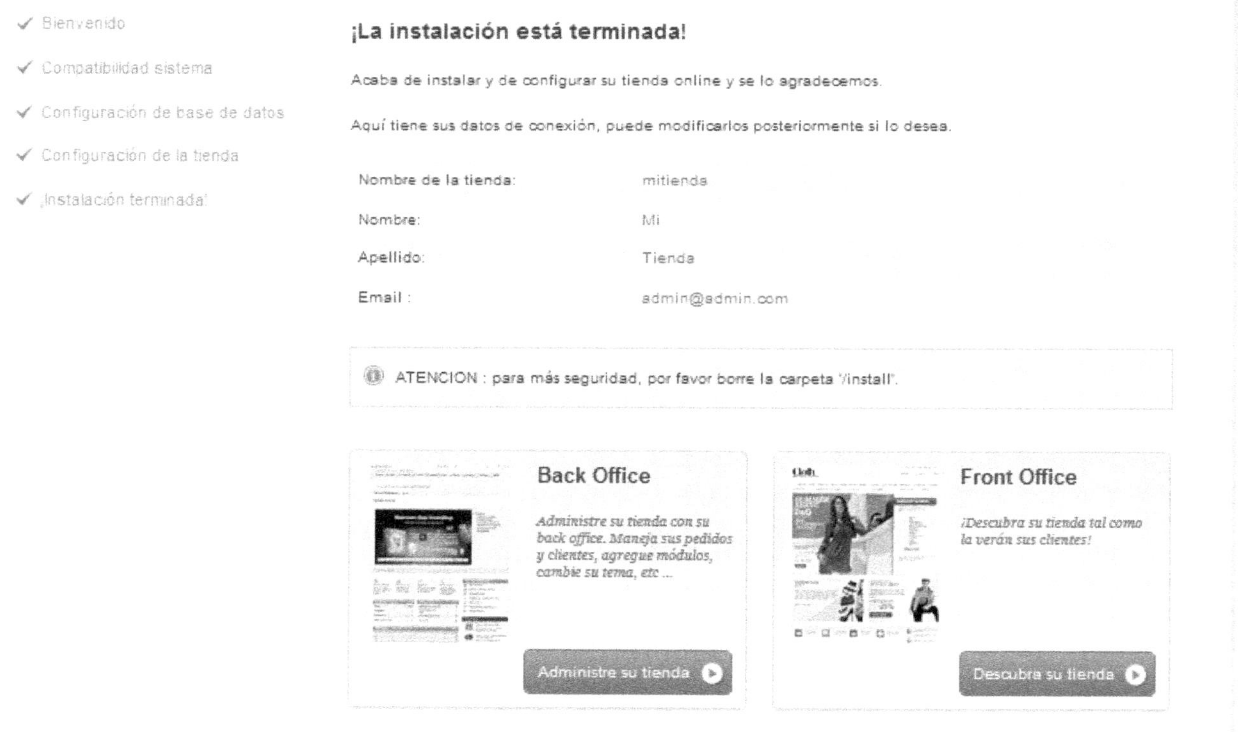

Una manera sencilla de mejorar la seguridad de la instalación es borrar o renombrar algunos archivos y carpetas claves. Esto se logra utilizando su cliente FTP, directamente en el servidor.

Elementos a borrar:

- carpeta "install".
- Archivos "readme_*" (5 de ellos)
- Archivo "CHANGELOG".

Elemento al que debe cambiar el nombre:

- Carpeta "admin": Debe ofrecerle un nombre único, para que ningún agresor pueda acceder sus archivos admin. Por ejemplo, "admin42", "Carpetasecreta" o "xyz123" – cualquier nombre único.

Escriba el nuevo nombre para la carpeta admin que podrá acceder directamente a partir de ahora.

¡Felicidades! La instalación ha terminado.

Inicie sesión en el back-office de PrestaShop y rellene su catálogo de productos, configurando las opciones que mejor se acomodan a sus necesidades y gustos.

Finalmente, para cerrar todas las puertas potenciales, utilice su cliente FTP para actualizar los permisos de archivos y carpetas a 664 o 666 si lo requiere su host. Si los derechos de acceso limitados no permiten el funcionamiento de algunos módulos, debe cambiar los permisos a 755.

Cree regularmente copias de seguridad de su base de datos, en computadoras diferentes en caso que ocurran problemas relacionados con el hardware o la seguridad.

Información diversa

¡Mantenga una versión de prueba a la mano!

Una vez configurada su tienda de la manera deseada, pero antes de abrirla oficialmente al público, le aconsejamos instalar una versión local de prueba en su computadora personal (utilizando WAMP para Windows, MAMP para Mac, LAMP para Linux, o XAMPP para cualquier otra plataforma) o en algún otro lugar de su servidor de hosting.

El segundo caso será un entorno de pre-producción muy útil en el cual podrá realizar todos los cambios futuros a su tienda virtual PrestaShop sin afectar la versión en directo. De esta manera, si ocurre algún error, su tienda en directo se mantiene intacta.

Este método es sólo para modificación de archivos de aplicación PrestaShop. **No utilice una versión de prueba de la base de datos SQL**.

Una vez confirmada que su versión de prueba funciona correctamente, copie la versión prueba sobre la versión en directo. Lo más recomendable es realizar esta operación fuera de las horas de máximo tráfico, y con su tienda adecuadamente deshabilitada dentro del back-office PrestaShop.

Comprobación de la biblioteca GD

En la instalación por defecto de PHP, la Biblioteca GD debería encontrarse activada, de no ser así para su instalación, las instrucciones estándares de Windows son:

1. En el directorio raíz de su carpeta PHP, abra el archivo php.ini.
2. Descomente la línea extension=php_gd2.dll (a la mitad del archivo, en el medio de una larga lista de extensiones) al eliminar el ";" al comienzo de la línea.
3. Reiniciar los servicios PHP.

Si no tiene acceso al archivo php.ini (lo cual es muy común en un hosting compartido), contacte a su host sobre sus necesidades de hosting.

Activación de PHP5

Muchas veces, servidores compartidos o dedicados cuentan con PHP 4 y PHP 5 disponible, pero sólo PHP4 está activado por defecto.

Para instalar PrestaShop, PHP 5 debe ser activado. Si intenta ejecutar PrestaShop utilizando PHP 4, recibirá numerosos errores, incluyendo un mensaje muy común:

Parse error: parse error, unexpected T_STATIC, expecting T_OLD_FUNCTION or T_FUNCTION or T_VAR or '}' in [php file] on line X.

No dude en reportar un error relativo a los consejos necesarios para hacer que PrestaShop se ejecute en su servicio de hosting, en PrestaShop Forge (necesitará una cuenta). Los agregaremos a esta guía tan pronto como los recibamos.

Importante

Si la manera sugerida para activar PHP5 es agregar reglas de configuración específica a su archivo .htaccess, **¡no lo agregue directamente en el archivo mismo!**

La manera más clara de personalizar su archivo de instalación .htaccess de PrestaShop, es utilizar las pestaña "Herramientas", sub-pestaña "Generadores"; y pegar sus líneas de configuración en el campo de texto "Configuración Específica". De esta manera asegura que PrestaShop no sobreponga su archivo .htaccess, para no perder estas líneas importantes.

La siguiente es una lista de procedimientos de los que tenemos conocimiento:

1&1

Agregue esta línea al campo-texto de la "Configuración Específica" de la sub pestaña Herramientas > Generadores:

AddType x-mapp-php5 .php

Para reescribir URL, agregue estás líneas:

Options +FollowSymLinks

RewriteEngine On

RewriteBase /

Free.fr

Agregue esta línea al campo-texto de la "Configuración Específica" de la sub pestaña Herramientas > Generadores:

php 1

OVH

Agregue esta línea al campo-texto de la "Configuración Específica" de la sub pestaña Herramientas > Generadores:

SetEnv PHP_VER 5

Para desactivar registros globales:

SetEnv REGISTER_GLOBALS 0

GoDaddy

Para observar su versión PHP:

1. Acceda a su Cuenta de Gestor.
2. Desde la sección de Productos, haga clic en Web Hosting.
3. Al lado de la cuenta de hosting que desea utilizar, haga clic en Lanzamiento.

En la sección Servidor, se muestra su Versión PHP.

Para Cambiar su Versión PHP:

1. Del menú de Contenido, seleccione Programar Idiomas.
2. Seleccione la versión PHP que desea utilizar, luego haga clic en Continuar.
3. Haga clic en Actualizar.

Los cambios pueden tomar hasta 24 horas para completarse.

Páginas lunares de hosting compartido

1. Ingrese a cPanel. Localizado en http://www.(su_dominio).(com/net/org/etc)/cpanel
2. Ingrese el nombre de usuario y contraseña de su cuenta en la casilla que aparece.
3. Una nueva página aparece. Desplácese a la hilera inferior de iconos en la página y haga clic al icono denominado "Habilitar/Deshabilitar PHP 5"
4. Una nueva página aparece. Haga clic en "¡Agregar PHP a su Cuenta!""

La solicitud de cambio de idioma ha sido sometida. Permítanos hasta 24 horas para que los cambios sean procesados por el servidor de hosting.

Actualización de PrestaShop

Hemos elaborado una guía para: Actualización de PrestaShop.

Desinstalación de PrestaShop

PrestaShop es muy sencillo de desinstalar:

1. Elimine /prestaShop (o el nombre que le dio después de la instalación) del directorio principal del servidor web (generalmente /www).
2. Elimine su base de datos PrestaShop, utilizando phpMyAdmin.

Usted perderá toda la información relacionada con clientes, pedidos, facturas y productos.

Ejemplos del Back-end y Front-end de una tienda típica Prestashop

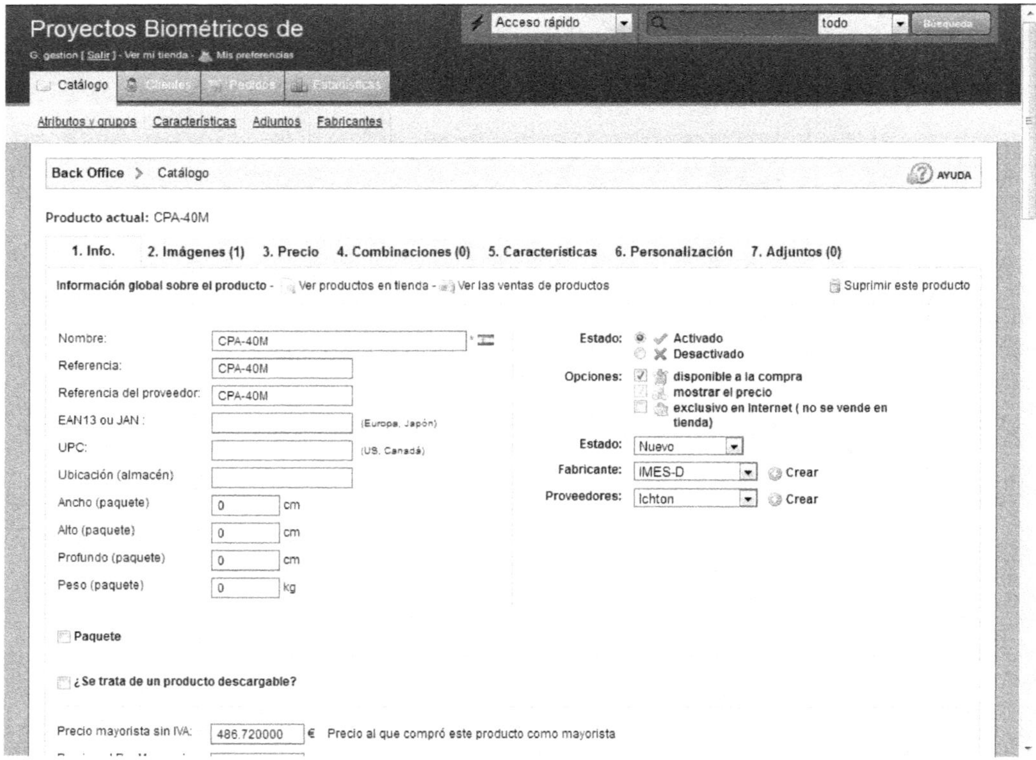

Pantalla del Back-end de la trastienda de gestión y administración.

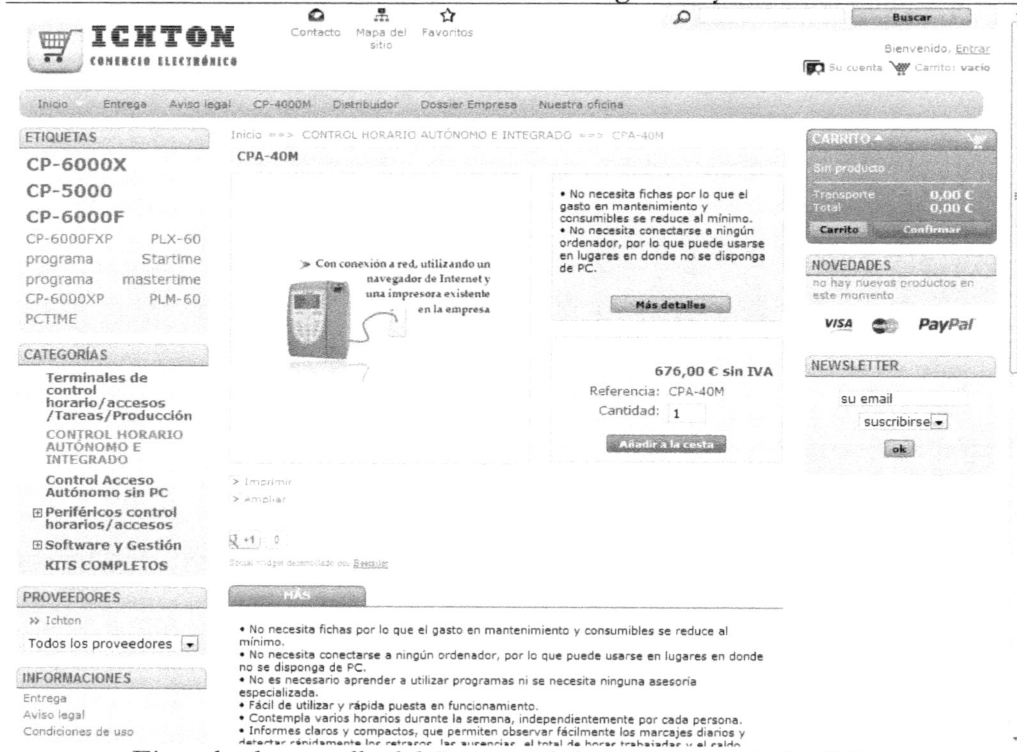

Ejemplo de pantalla del Front-end de la tienda a nivel público

PROMOCIONA LA WEB

TALLER PRÁCTICO SOBRE CREACIÓN DE EMPRESAS DIGITALES: DESARROLLO DE LA ACTIVIDAD COMERCIAL.
Promociona
Una vez realizados los pasos anteriores, es muy importante establecer una estrategia de marketing. La tienda online nos posibilita el poder acceder a millones de clientes potenciales, pero si nadie conoce nuestro negocio y nuestros productos, será poco probable que alguien los compre.
Para lograr este objetivo es fundamental atraer a los clientes a nuestra tienda e incentivar al cliente potencial que compre nuestros productos. Todo esto se puede conseguir a través de un buen posicionamiento de nuestra tienda en los principales buscadores, publicidad de nuestra tienda online e incluso publicidad fuera de la red, realizar una presentación óptima de los productos realizando promociones adecuadas de los mismos, e-mailing, creando comunidades alrededor de los productos, etc.
ICHTON
MMI
Ayuntamiento de Málaga
imfe

HERRAMIENTA DE DE POSICIONAMIENTO SEO

Entendemos por SEO (Search Engine Optimization) la optimización para los motores de búsqueda (traducción literal. Explicado de forma clara, sería el conjunto de técnicas y métodos utilizados para posicionar de mejor manera nuestro contenido en la red. Ya sea una página web, un blog, un artículo en concreto…

Así que, cómo dice el título, aquí va una lista de **consejos o "trucos" para mejorar el** posicionamiento SEO de nuestra tienda virtual :

1. Obten las palabras clave relacionadas con tu nicho.

2. Intenta utilizar la palabra clave siempre que sea posible. Eso sí, con medida. No hace falta que todas las frases del artículo en cuestión contengan la/s palabra/s clave. Redactando de forma coherente, intenta aprovechar las oportunidades de utilizarlas.

3. Conoce las palabras clave de tu competencia. Para ello encontrarás una buena variedad de herramientas online (gratuitas) además de varios plugins para firefox..

4. El contenido es el rey. Es el tópico más conocido en la blogósfera, pero tambien el más cierto de todos. Si tu contenido es copiado, no sigas leyendo ya que de poco te servirán estos

consejos. Crea contenido propio y de calidad ya que es el modo más efectivo para posicionar tu contenido en la red.

5. La descripción del contenido Meta debe estar dentro de los primeros 150 caracteres. Trata de no sobrepasar 300 caracteres en ésta.
6. Añade tu tienda virtual a Google , la búsqueda de blogs de Google , yahoo y dmoz .
7. Crea un *mapa del sitio*. Es el llamado sitemap al que dedicaré un artículo próximamente.
8. Evita el uso de objetos Flash, o, al menos, limítalo al máximo. La araña del buscador no comprenderá los objetos flash de la misma forma que el texto en tu sitio.
9. Utiliza hojas de estilo.
10. A Google le gustan los contenidos largos, intenta escribir más de 300 palabras (cuando sea posible, tampoco se trata de llenar de paja el artículo).
11. Utiliza las etiquetas alt para las imágenes. Digamos que se utilizan para que, en caso de que no se pueda mostrar la imagen, el visitante sepa qué debería ir en ese lugar exactamente. Dicho de otro modo, si un ciego estuviera visitando nuestro blog (se entiende que con sus impresoras a braile y toda la pesca) entendiera que imagen va en ese sitio únicamente con la descripción que le has dado y el atributo alt de la misma.
12. Utiliza palabras clave para los hipervínculos. Evita poner "click aquí". El texto que acompaña al vínculo es el llamado anchor text, y ayuda al buscador a entender qué va a encontrar si lo sigue. Son de vital importancia para el posicionamiento del mismo.
13. Cuantos más **links** dirijan a una página, mejor considerada será. Por supuesto no todos los enlaces valen lo mismo. No será lo mismo una web poco popular, sin relación con tu temática, y en ruso por poner un ejemplo, que una web .edu, considerada una autoridad en tu materia. Sé que he puesto ejemplos muuuuuy exagerados, pero es la mejor forma de entenderlo facilmente
14. Haz el intercambio de enlaces con sitios web que tengan una buena reputación. Consigue ser enlazado por blogs con una buena reputación dentro de tu nicho.
15. Crea perfiles de tu tienda virtual en las **redes sociales.** Y no sólo por su importancia actual en el posicionamiento de la web, sinó que además, te servirá como una fuente de tráfico extra.
16. Envía tu nuevo contenido a las redes sociales. Tan importante es que tengas un perfil en las redes sociales cómo que las utilices correctamente. Existen plugins que de forma muy sencilla te permitirán compartir todos tus artículos en las distintas redes sociales que utilices.
17. Da opción a que los visitantes también puedan compartir tus publicaciones en sus perfiles. Los llamados botones sociales te servirán para tu cometido.
18. Sé paciente, el SEO no es de un día para otro. Ni de una semana para otra tampoco ☺Si alguien te promete lo contrario, no te fies.
19. Si tu web es corporativa, enlázala a Google Maps con la dirección del local físico.

20. Utiliza negrita o cursiva para las palabras relevantes. De esta forma, estás destacándolas de cara al buscador.

21. Haz uso de las etiquetas de encabezado.

22. No hagas el texto demasiado pequeño. No sólo entorpecerás la tarea del buscador, sinó que además puede ser molesto para el lector.

23. Evita usar el mismo color para el texto que para su fondo. Primera porque no se vería el tecto (puede que sea lo que pretendes, o por error). Sea como sea, Google lo considerará un intento de engaño y te perjudicará considerablemente.

24. No abuses de las imágenes grandes. Debes tener en cuenta que la proporción texto imágenes debe ser alta, es decir, mucho más texto que imagen.

25. No utilices más de 10 palabras clave en los metatags.

26. Limita el título a 60-65 carácteres. La mayoría de buscadores no leen más allá de los primeros 60 carácteres del título de tu artículo en cuestión.

27. No confies sólo en las palabras clave.

28. Si ofreces un servicio específico menciónalo en el título.

29. Evita el uso de URLs dinámicas.

30. Disfruta con el SEO de tu tienda virtual. Puede llegar a ser muy gratificante ir viendo como mejora progresivamente.

Aun siendo todos los puntos importantes, tal vez conseguir un buen posicionamiento de nuestra tienda en los principales buscadores de internet sea un aspecto clave en el éxito de nuestro negocio en internet. La mayor parte de las visitas que recibe una tienda online proviene de los buscadores. Este posicionamiento depende principalmente del número de enlaces entrantes ubicados en sitios web de calidad que apunten hacia nuestra tienda online. También se logra un buen posicionamiento haciendo un buen uso de las palabras claves. Esto se consigue escogiendo las palabras por las que queremos que nuestra tienda sea encontrada en los buscadores y procurar que estas palabras estén contenidas con asiduidad en nuestra web (títulos, textos, etc.) e incluso en el nombre del dominio.

NUESTRO CLOUD GRATUITO

TALLER PRÁCTICO SOBRE CREACIÓN DE EMPRESAS DIGITALES: DESARROLLO DE LA ACTIVIDAD COMERCIAL.
NUESTRO CLOUD GRATUITO
Ahora, es el momento de estructurarlo a través de una "cloud personal" pero esta no es una tarea fácil. Para empezar no todos hacemos el mismo uso de la tecnología (conocimiento informático, dispositivos, frecuencia de uso, entornos de relación, poder adquisitivo, familiaridad tecnológica, dependencia redes sociales, etc.) por lo que no todos tenemos las mismas necesidades. Y son estas necesidades individuales las que configuran nuestra "cloud personal". Algunos de los elementos básicos con los que casi toda cloud personal contará serán: correo electrónico, agenda, libreta de contactos, redes sociales, gestor de contraseñas, gestor de información, almacenamiento y backup de ficheros, gestor multimedia y buscador personal.
ICHTON
MMI
Ayuntamiento de Málaga
imfe

Tener un espacio de gestión y comunicación empresarial es necesario, si está en la nube mejor.

Existen bajo software libre un buen número de soluciones "In the Cloud", es decir que podemos alojarlas en nuestro servidor y poder acceder desde cualquier dispositivo, por todos nuestros empleados/as, nuestros socios, o nosotros mismos con sólo usar un navegador web y sin necesidad de isntalar grandes aplicaciones en nuestros equipos.
Según la Wikipedia a la nube se refiere como :

La computación en la nube, concepto conocido también bajo los términos servicios en la nube, informática en la nube, nube de cómputo o nube de conceptos, del inglés cloud computing, es un paradigma que permite ofrecer servicios de computación a través de Internet.

Introducción

En este tipo de computación todo lo que puede ofrecer un sistema informático se ofrece como servicio,1 de modo que los usuarios puedan acceder a los servicios disponibles "en la nube de Internet" sin conocimientos (o, al menos sin ser expertos) en la gestión de los recursos que usan. Según el IEEE Computer Society, es un paradigma en el que la información se almacena de manera permanente en servidores de Internet y se envía a cachés temporales de cliente, lo que incluye equipos de escritorio, centros de ocio, portátiles, etc.

La computación en la nube son servidores desde internet encargados de atender las peticiones en cualquier momento. Se puede tener acceso a su información o servicio, mediante una conexión a internet desde cualquier dispositivo móvil o fijo ubicado en cualquier lugar. Sirven a sus usuarios desde varios proveedores de alojamiento repartidos frecuentemente también por todo el mundo. Esta medida reduce los costes, garantiza un mejor tiempo de actividad y que los sitios web sean invulnerables a los hackers, a los gobiernos locales y a sus redadas policiales.

"Cloud computing" es un nuevo modelo de prestación de servicios de negocio y tecnología, que permite incluso al usuario acceder a un catálogo de servicios estandarizados y responder con ellos a las necesidades de su negocio, de forma flexible y adaptativa, en caso de demandas no previsibles o de picos de trabajo, pagando únicamente por el consumo efectuado, o incluso gratuitamente en caso de proveedores que se financian mediante publicidad o de organizaciones sin ánimo de lucro.

El cambio que ofrece la computación desde la nube es que permite aumentar el número de servicios basados en la red. Esto genera beneficios tanto para los proveedores, que pueden ofrecer, de forma más rápida y eficiente, un mayor número de servicios, como para los usuarios que tienen la posibilidad de acceder a ellos, disfrutando de la 'transparencia' e inmediatez del sistema y de un modelo de pago por consumo. Así mismo, el consumidor ahorra los costes salariales o los costes en inversión económica (locales, material especializado, etc).

Computación en nube consigue aportar estas ventajas, apoyándose sobre una infraestructura tecnológica dinámica que se caracteriza, entre otros factores, por un alto grado de automatización, una rápida movilización de los recursos, una elevada capacidad de adaptación para atender a una demanda variable, así como virtualización avanzada y un precio flexible en función del consumo realizado, evitando además el uso fraudulento del software y la piratería.

La computación en nube es un concepto que incorpora el software como servicio, como en la Web 2.0 y otros conceptos recientes, también conocidos como tendencias tecnológicas, que tienen en común el que confían en Internet para satisfacer las necesidades de cómputo de los usuarios.

Comienzos

El concepto de la computación en la nube empezó en proveedores de servicio de Internet a gran escala, como Google, Amazon AWS, Microsoft y otros que construyeron su propia infraestructura. De entre todos ellos emergió una arquitectura: un sistema de recursos distribuidos horizontalmente, introducidos como servicios virtuales de TI escalados masivamente y manejados como recursos configurados y mancomunados de manera contínua. Este modelo de arquitectura fue inmortalizado por George Gilder en su artículo de octubre 2006 en la revista Wired titulado «Las fábricas de información». Las granjas de servidores, sobre las que escribió Gilder, eran similares en su arquitectura al procesamiento "grid" (red, parrilla), pero mientras que las redes se utilizan para aplicaciones de procesamiento técnico débilmente acoplados (loosely coupled), un sistema compuesto de subsistemas con cierta autonomía de acción, que mantienen una interrelación contínua entre ellos, este nuevo modelo de nube se estaba aplicando a los servicios de Internet.2

Beneficios

- Integración probada de servicios Red. Por su naturaleza, la tecnología de cloud computing se puede integrar con mucha mayor facilidad y rapidez con el resto de las aplicaciones empresariales (tanto software tradicional como Cloud Computing basado en infraestructuras), ya sean desarrolladas de manera interna o externa.
- Prestación de servicios a nivel mundial. Las infraestructuras de cloud computing proporcionan mayor capacidad de adaptación, recuperación completa de pérdida de datos (con copias de seguridad) y reducción al mínimo de los tiempos de inactividad.

- ***Una infraestructura 100% de cloud computing permite al proveedor de contenidos o servicios en la nube prescindir de instalar cualquier tipo de hardware, ya que éste es provisto por el proveedor de la infraestructura o la plataforma en la nube. Un gran beneficio del cloud computing es la simplicidad y el hecho de que requiera mucha menor inversión para empezar a trabajar.***

- Implementación más rápida y con menos riesgos, ya que se comienza a trabajar más rápido y no es necesaria una gran inversión. Las aplicaciones del cloud computing suelen estar disponibles en cuestión de días u horas en lugar de semanas o meses, incluso con un nivel considerable de personalización o integración.

- Actualizaciones automáticas que no afectan negativamente a los recursos de TI. Al actualizar a la última versión de las aplicaciones, el usuario se ve obligado a dedicar tiempo y recursos para volver a personalizar e integrar la aplicación. Con el cloud computing no hay que decidir entre actualizar y conservar el trabajo, dado que esas personalizaciones e integraciones se conservan automáticamente durante la actualización.

- Contribuye al uso eficiente de la energía. En este caso, a la energía requerida para el funcionamiento de la infraestructura. En los datacenters tradicionales, los servidores consumen mucha más energía de la requerida realmente. En cambio, en las nubes, la energía consumida es sólo la necesaria, reduciendo notablemente el desperdicio.

Desventajas

- La centralización de las aplicaciones y el almacenamiento de los datos origina una interdependencia de los proveedores de servicios.

- La disponibilidad de las aplicaciones está ligada a la disponibilidad de acceso a Internet.

- Los datos "sensibles" del negocio no residen en las instalaciones de las empresas, lo que podría generar un contexto de alta vulnerabilidad para la sustracción o robo de información.

- La confiabilidad de los servicios depende de la "salud" tecnológica y financiera de los proveedores de servicios en nube. Empresas emergentes o alianzas entre empresas podrían crear un ambiente propicio para el monopolio y el crecimiento exagerado en los servicios.

- La disponibilidad de servicios altamente especializados podría tardar meses o incluso años para que sean factibles de ser desplegados en la red.

- La madurez funcional de las aplicaciones hace que continuamente estén modificando sus interfaces, por lo cual la curva de aprendizaje en empresas de orientación no tecnológica tenga unas pendientes significativas, así como su consumo automático por aplicaciones.

- Seguridad. La información de la empresa debe recorrer diferentes nodos para llegar a su destino, cada uno de ellos (y sus canales) son un foco de inseguridad. Si se utilizan protocolos seguros, HTTPS por ejemplo, la velocidad total disminuye debido a la sobrecarga que éstos requieren.

- Escalabilidad a largo plazo. A medida que más usuarios empiecen a compartir la infraestructura de la nube, la sobrecarga en los servidores de los proveedores aumentará, si la empresa no posee un esquema de crecimiento óptimo puede llevar a degradaciones en el servicio o altos niveles de jitter.

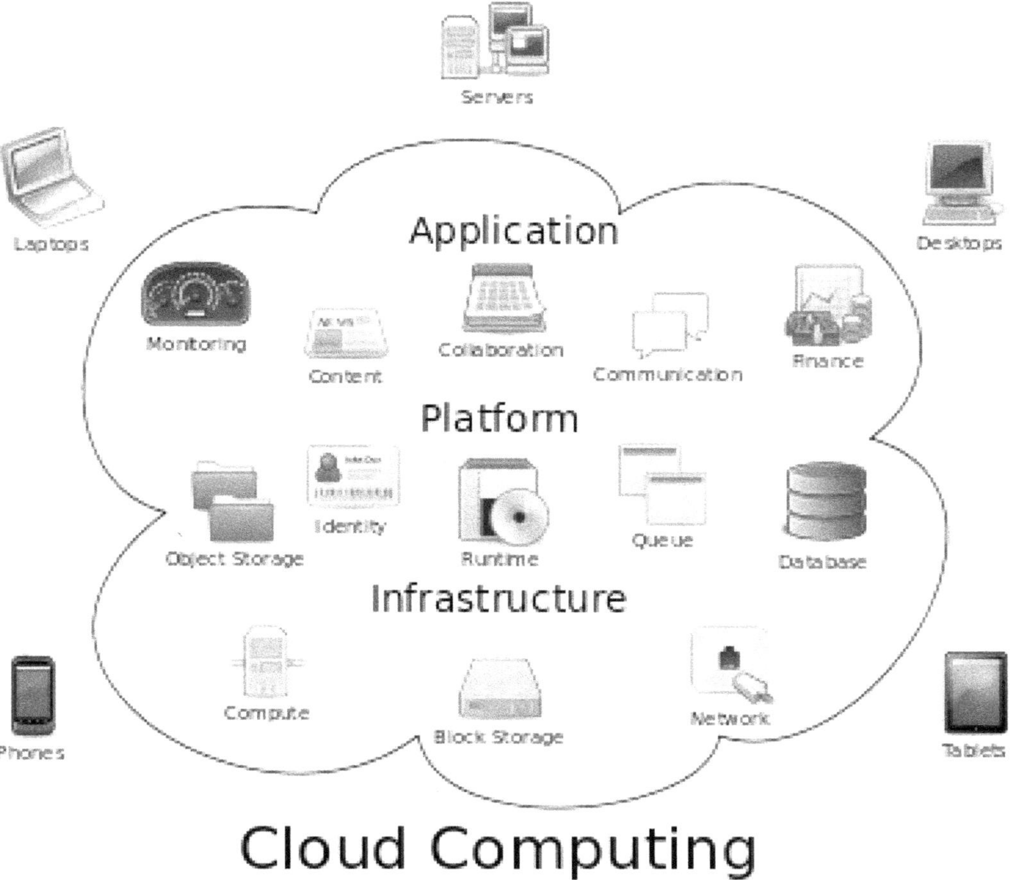

Figura que representa el Cloud Computing con algunos de sus servicios, existen muchos más.

Aplicaciones

- Dropbox - desarrollado por Dropbox
- Google Apps con Doc y Google Drive - desarrollado por Google
- Wuala - desarrollado por LaCie
- SkyDrive - desarrollado por Microsoft

DROPBOX

"Your life's work, wherever you are."

Dropbox es un servicio gratuito que te permite disponer de tus fotos, documentos y vídeos en cualquier parte. Esto significa que cualquier archivo que guardes en tu Dropbox se guardará automáticamente en todos tus ordenadores, teléfonos e incluso en el sitio web de Dropbox.

Dropbox también hace que resulte muy sencillo compartir cosas con los demás, ya seas un estudiante o profesional, un padre o un abuelo. Aunque derrames accidentalmente un café sobre tu portátil, ¡no temas! Puedes relajarte sabiendo que Dropbox siempre te tiene cubierto e impedirá que pierdas ninguna de tus cosas.

Llévate tu negocio a todas partes

Mantén tus archivos actualizados entre diferentes dispositivos y permanece sincronizado con tu equipo siempre y sin esfuerzo. Dropbox para equipos ofrece herramientas administrativas, asistencia telefónica (solo en inglés) y tanto espacio como necesites.

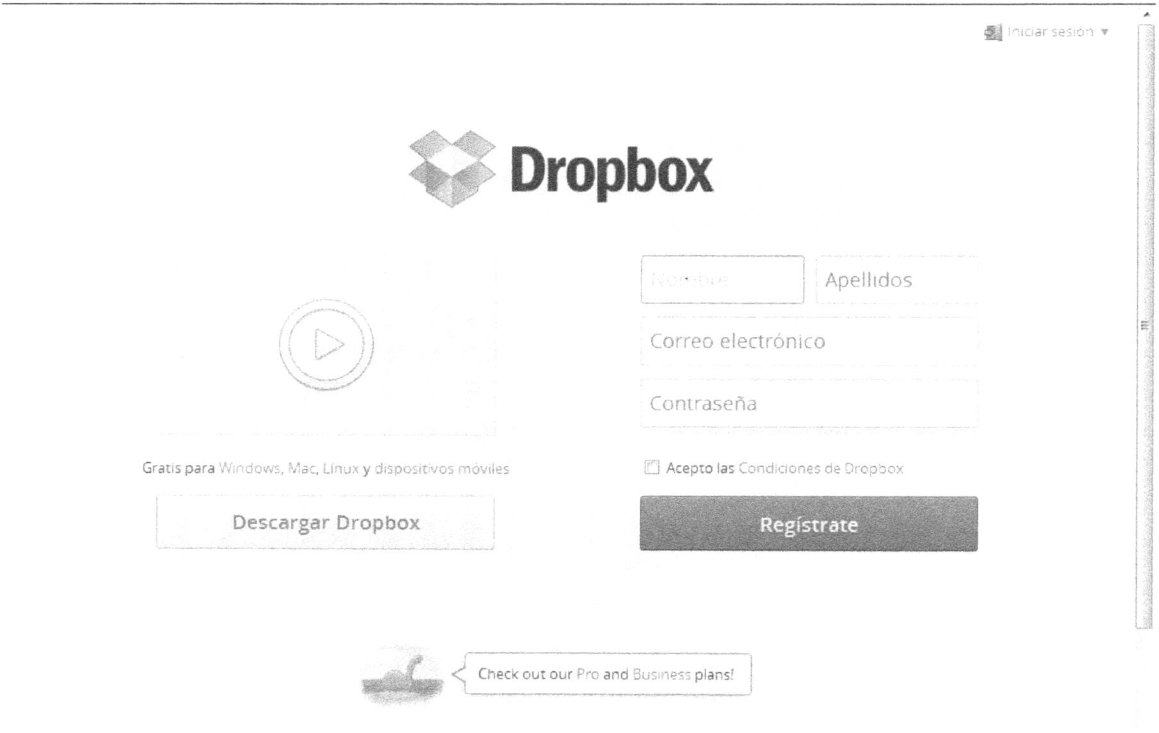

Comparte de forma sencilla e instantánea con tu equipo, tus clientes y tus socios. O protege la privacidad de tus archivos. Empieza a crear tu equipo con seguridad de nivel bancario y herramientas de administración diseñadas para las empresas. Trabaja desde cualquier parte en distintos dispositivos. Tus archivos siempre están disponibles y actualizados.

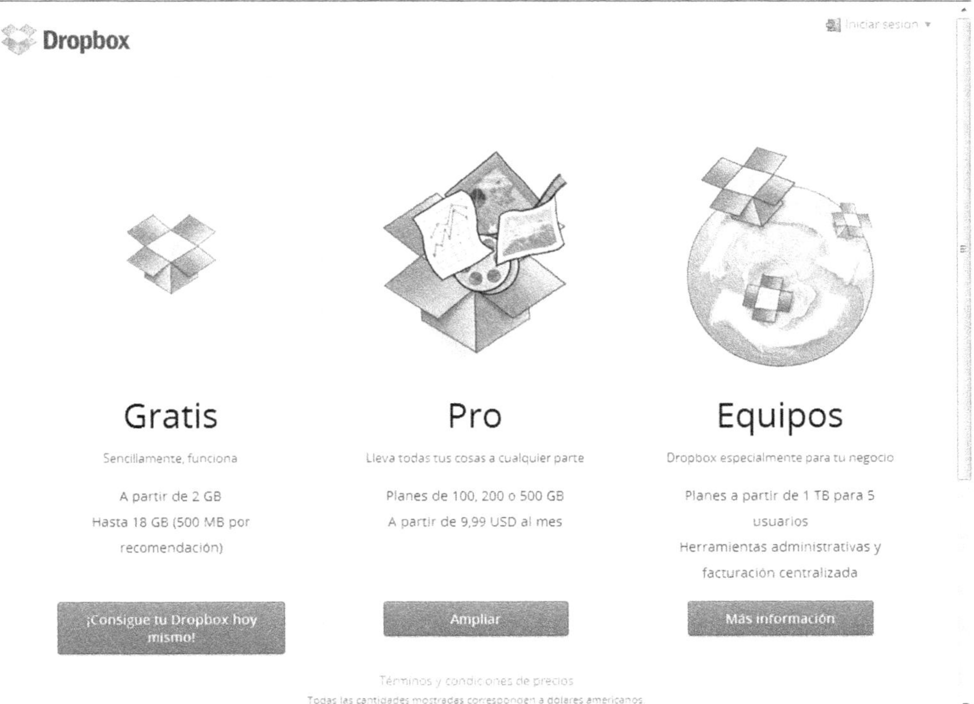

Los precios de uso son bastante económicos y para empezar podemos tener un cuenta gratuita.

GOOGLE APPS

Google Apps incluye decenas de funciones diferentes entre ellas de seguridad fundamentales diseñadas específicamente para mantener tu información segura y bajo control. **Tú eres el propietario de tu información**, y las herramientas de Google Apps te permiten controlarla, incluido con quién y cómo se comparte. Nuestra red de centros de datos te ofrece una seguridad excepcional y te garantiza* un acceso seguro y fiable a tus datos 24x7x365,25 (exacto, incluso en los años bisiestos).

Sigue conectado desde cualquier lugar.

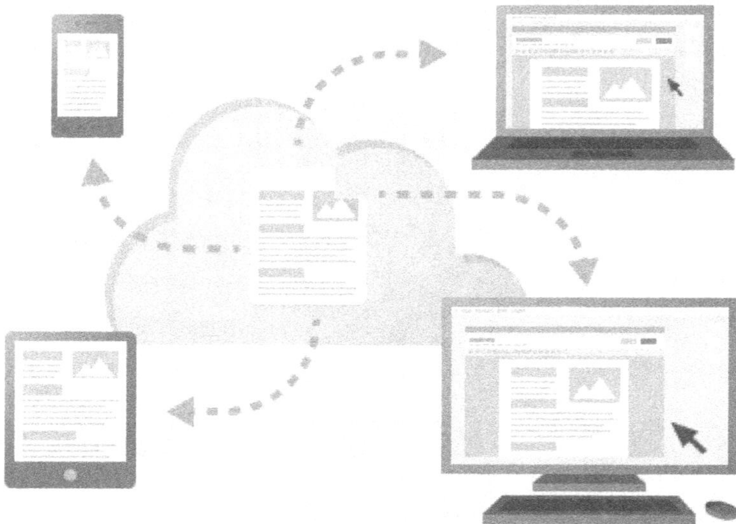

Con Google Apps, todo tu trabajo se guarda automáticamente en la nube. Tendrás acceso al correo electrónico, al calendario, a documentos y a sitios web, y podrás trabajar de forma segura, sin importar dónde estés ni qué dispositivo utilices.

Para tu empresa, esto significa que todas las personas con las que trabajes pueden ser productivas desde cualquier lugar, utilizando cualquier dispositivo con conexión a Internet.

Trabaja mejor en equipo

Gracias a Google Apps, tú y tu equipo trabajaréis de un modo más rápido y eficaz, al facilitar el trabajo tanto de empleados como de partners, proveedores, etc. De este modo, podréis colaborar de una manera más sólida entre equipos, empresas y ubicaciones.

Google Apps te permite compartir y modificar muchos tipos de archivos en tiempo real: documentos, hojas de cálculo, presentaciones y mucho más. Olvídate de todos los mensajes de correo electrónico entrantes y salientes con múltiples versiones de un archivo: el almacenamiento de documentos en la nube significa que todo el mundo tiene automáticamente la versión más reciente de cualquier archivo. ¿No es lo más lógico?

Agiliza tu trabajo

Google Apps puede simplificar las tareas cotidianas como la facturación, la elaboración de presupuestos, la programación y muchas más. Puedes crear una plantilla de factura en Google Docs, hacer el balance del presupuesto compartiendo una única hoja de cálculo o dejar que Google Calendar sugiera día y hora para las reuniones del equipo. Al eliminar estos obstáculos, Google Apps te permite dedicar más tiempo al trabajo que de verdad importa.

TI invisible que funciona

Dedica menos tiempo a gestionar tu infraestructura de TI. Tus empleados siempre tendrán acceso a las últimas versiones de software, incluidas las funciones y las actualizaciones de seguridad más recientes. No es necesario que compres ni que mantengas servidores, y todo se puede gestionar desde una única interfaz.

Google Apps se instala rápidamente, crece junto con tu negocio y solo cuesta 4 € por usuario al mes, o lo que es lo mismo, dos o tres cafés al mes.

Google Apps for Business

Ventajas **Productos** Clientes Precios Partners Recursos

Herramientas para tus empleados

Subir

Gmail

Calendar

Drive

Docs

Sites

Vault

Más

Accede al correo desde cualquier lugar

Gmail funciona en cualquier ordenador o dispositivo móvil con conexión de datos. La asistencia sin conexión te permite seguir trabajando incluso si no dispones de conexión a Internet. Ya estés en el despacho, en una reunión o en un avión, tu correo estará siempre contigo.

Trabaja rápido y ahorra tiempo

Gmail está diseñado para mejorar tu productividad: 25 GB de almacenamiento para que no tengas que borrar archivos, un potente sistema de búsqueda para encontrarlo todo, y etiquetas y filtros para mantener tu correo organizado.

Conecta con otros usuarios

Tu bandeja de entrada no está compuesta solamente de mensajes, sino también de personas. El chat de texto, voz y vídeo te permite comprobar quién está conectado y conectarte de inmediato. Puedes ver las fotos del perfil de tus contactos, las actualizaciones recientes y los documentos compartidos junto a cada correo electrónico.

Y muchas más aplicaciones diferentes.

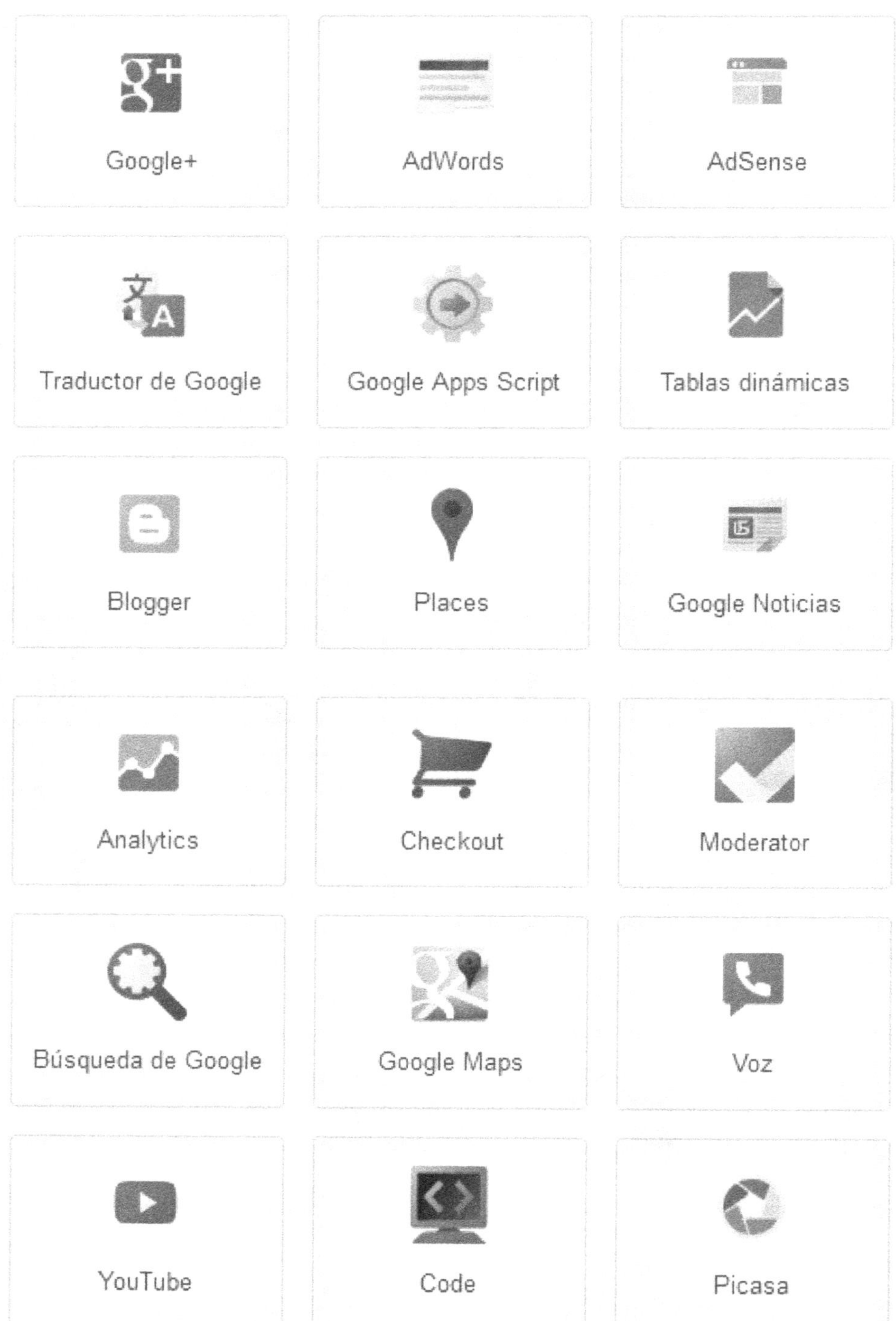

GOOGLE COMO USO DIARIO Y EN BENEFICIO DE LA EMPRESA

Para permanecer competitivo, es indispensable estar bien informado sobre la actualidad de su campo profesional. Para facilitarle este seguimiento de la competencia, Google dispone de herramientas específicas: Google noticias, Google Alertas, Google Reader y iGoogle. A continuación le explicamos por qué y cómo utilizar estas herramientas en beneficio de su empresa.

- Análisis de la competencia: seguimiento con Google
- Google Noticias, para seguir ininterrumpidamente las noticias de actualidad
- Google Alertas, para recibir las noticias por mail
- Google Reader, el lector de feeds RSS Google
- iGoogle, para reunir la información
- Véase también: Herramientas de noticias google

Análisis de la competencia: seguimiento con Google

Las ventajas de las herramientas de Google son su gratuidad y su compatibilidad. Cada herramienta funciona de manera independiente, pero obtendrá un análisis más sustancial utilizándolas todas.

Su uso no necesita de ningún conocimiento en particular, solo basta con ingresar con su dirección de Gmail y luego dejarse guiar por el menú explicativo o las páginas de ayuda fácilmente accesibles en la interfaz de las herramientas Google.

Una vez instaladas, estas herramientas le hacen ahorrar un tiempo precioso en la búsqueda de informaciones profesionales, ya que no necesita buscar la información.

Google no es el único que ofrece este tipo de herramientas, si usted no está convencido del todo de Google, he aquí sus equivalentes:

Herramientas de Google --> Otras herramientas
Google Noticias --> Yahoo Noticias
Google Alertas --> Yahoo Alertas
Google Reader --> RSS Reader, RSS Owl, FeedReader
iGoogle -->Netvibes, MyYahoo, WindowsLive

Google Noticias, para seguir ininterrumpidamente las noticias de actualidad

Google noticias: en este sitio web puede consultar los últimos artículos de actualidad publicados en más de 500 revistas y periódicos en línea.

La ventaja de Google noticias reside en su funcionamiento. Cuando busca una información sin utilizar una herramienta en particular, usted escoge un sitio de información, luego la categoría y finalmente el tema que le interese. Con Google noticias, usted escoge solo el tema, luego Google noticias le proporciona varias fuentes. Basta con seleccionar el artículo que le parece más pertinente.

Desde luego que puede personalizar la página Google noticias, seleccionando recibir por ejemplo únicamente las actualidades de una revista económica o las actualidades de su sector:

- Haga clic en noticias Personalizadas arriba a la derecha / Editar esta página / Añadir una sección.
- Escriba una o varias palabras clave: sujetos, revistas, nombre...
- Escoger un lugar (posición de esta nueva sección en el menú de la izquierda).

Para hacer una búsqueda precisa de noticias (es la especialidad de Google), Google dispone de una herramienta de búsqueda avanzada. Fecha de publicación, fuente de información (Le Monde, El País...), el país de difusión, el lugar de una o varias palabras clave en el artículo (título, cuerpo o url del artículo) forman parte de criterios de búsqueda.

Otra funcionalidad de Google noticias: usted puede también recibir las noticias personalizadas en su teléfono móvil.

Google Alertas, para recibir las noticias por mail

Con Google alertas, usted no busca la información, la información viene a usted.

Google alertas. Escribe el término de búsqueda y su correo electrónico. Recibirá directamente las informaciones relacionadas al término de búsqueda seleccionado en su bandeja de entrada, con el nombre Google alertas - su término de búsqueda.

Por ejemplo si quiere recibir noticias sobre una empresa de la competencia, solo es necesario escribir el nombre de la empresa competidora en el campo "Términos de búsqueda" y su correo electrónico en el campo "Enviar a". Usted recibe una alerta de Google en su correo cada vez que un artículo relacionado a la empresa competidora se publica.

Google Reader, el lector de feeds RSS Google

Si no conoce el principio y funcionamiento de los feeds RSS, consulte el artículo los feeds RSS en su empresa.

En resumen, se trata de otro medio de estar informado casi instantáneamente sobre la aparición de nuevos artículos sobre los temas de su preferencia en los sitios web que ha seleccionado. Suscribiéndose a los flujos RSS de estos sitios web, usted sólo tendrá que consultar una página, su página personalizada Google Reader.

Esto le hará ahorrar tiempo en caso de que usted consulta regularmente uno o varios sitios web para leer los nuevos artículos.

Para suscribirse a un feed, conéctese al sitio web que le interesa, seleccione suscribirse a los feeds RSS, seleccione Google Reader en el lector de feeds, el feed se añade automáticamente a su lista de feeds en su página personalizada.

iGoogle, para reunir la información

iGoogle es una página de inicio personalizada. Comprende una barra de búsqueda clásica Google más los feeds RSS, widgets y herramientas de todo género que habrá seleccionado en función de sus intereses como empresario. iGoogle reúne todas las ventajas de Google noticias y Google Reader, con numerosas opciones adicionales.

Como utilizar iGoogle:

- Conéctese a la página de opciones de Google.
- Seleccione y entre a la página iGoogle.
- Seleccione las herramientas que desea ver aparecer en su página personalizada: Google noticias, Google Maps, tiempo, blogs, fecha y hora, juegos...
- Añada herramientas seleccionando las que desee.
- Escoja una plantilla.
- Guarde los cambios, luego conéctese con su cuenta Gmail, encontrará su página personalizada y su conexión a la página Google.

Entre otros proyectos en lo que está inmersos GOOGLE están:

Web

- Búsqueda web

  Busca en millones de paginas web.
- Google Chrome

  Un navegador rápido, sencillo y seguro
- iGoogle

  Añade noticias, juegos y otras muchas cosas a tu página principal de Google.
- Barra Google

  Añade un cuadro de búsqueda a tu navegador.

Móviles

- Móviles

  Accede a los productos de Google desde tu teléfono móvil.
- Maps para móviles

  Consulta mapas, ve tu ubicación y obtén indicaciones en tu teléfono móvil.
- Búsqueda para móviles

  Haz búsquedas en Google desde cualquier lugar.

Medios

- YouTube

  Ve, sube y comparte vídeos.

- Libros

  Haz búsquedas en el texto completo de los libros.

- Búsqueda de imágenes

  Busca imágenes en la Web.

- Noticias

  Busca entre miles de noticias.

- Búsqueda de vídeos

  Busca vídeos en la Web.

- Picasa

  Busca, edita y comparte tus fotos.

Geo

- Maps

  Consulta mapas e indicaciones.

- Earth

  Explora el mundo desde tu ordenador.

- Panoramio

  Explora y comparte fotos del mundo.

- SketchUp

  Construye modelos 3D de forma rápida y fácil

- **Hogar y oficina**

- Docs

Crea y comparte tus hojas de cálculo, tus presentaciones y tus documentos online.

- Gmail

  Correo rápido, con menos spam y con función de búsqueda

- Calendar

  Organiza tu agenda y comparte eventos con tus amigos.

- Sites

  Crea sitios web y wikis de grupos seguras.

- Talk

  Llama a tus amigos y envíales mensajes instantáneos desde tu ordenador.

- Traductor

  Traduce texto, páginas web y archivos a más de 50 idiomas de forma instantánea.

- Google Cloud Print

  Imprime en cualquier lugar y desde cualquier dispositivo

Búsqueda social

- Blogger

  Comparte tu vida online con un blog de una forma fácil, rápida y gratuita.

- Grupos

  Crea listas de distribución y grupos de debate.

- Reader

  Accede rápidamente a tus feeds de blogs y noticias.

Búsqueda especializada

- Búsqueda de blogs

  Busca blogs sobre tus temas favoritos.

- 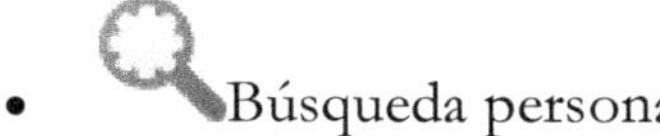Búsqueda personalizada

  Crea una experiencia de búsqueda personalizada para tu comunidad.

- Académico

  Busca documentos académicos.

- Alertas

  Recibe novedades por correo electrónico acerca de los temas que elijas.

Innovation

- 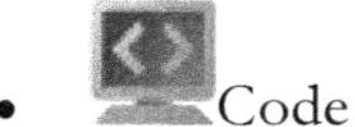Code

Recursos, APIs y herramientas para desarrolladores

WUALA

Almacene y realice copias de seguridad

Realice copias de seguridad y almacene sus archivos a través de Internet de forma fiable, desde cualquier rincón del mundo. Todos los archivos están cifrados.

Sincronización.

Sincronice sus archivos a través de Internet y en varios ordenadores. Sus archivos siempre están actualizados, en cualquier lugar y en cualquier momento.

Comparta con sus amigos.

Comparta los archivos con determinados amigos. Usted escoge quién tiene acceso a las carpetas.

Seguridad y privacidad.

Todos los archivos se cifran y se almacenan por duplicado. Ninguna persona no autorizada puede acceder a sus archivos.

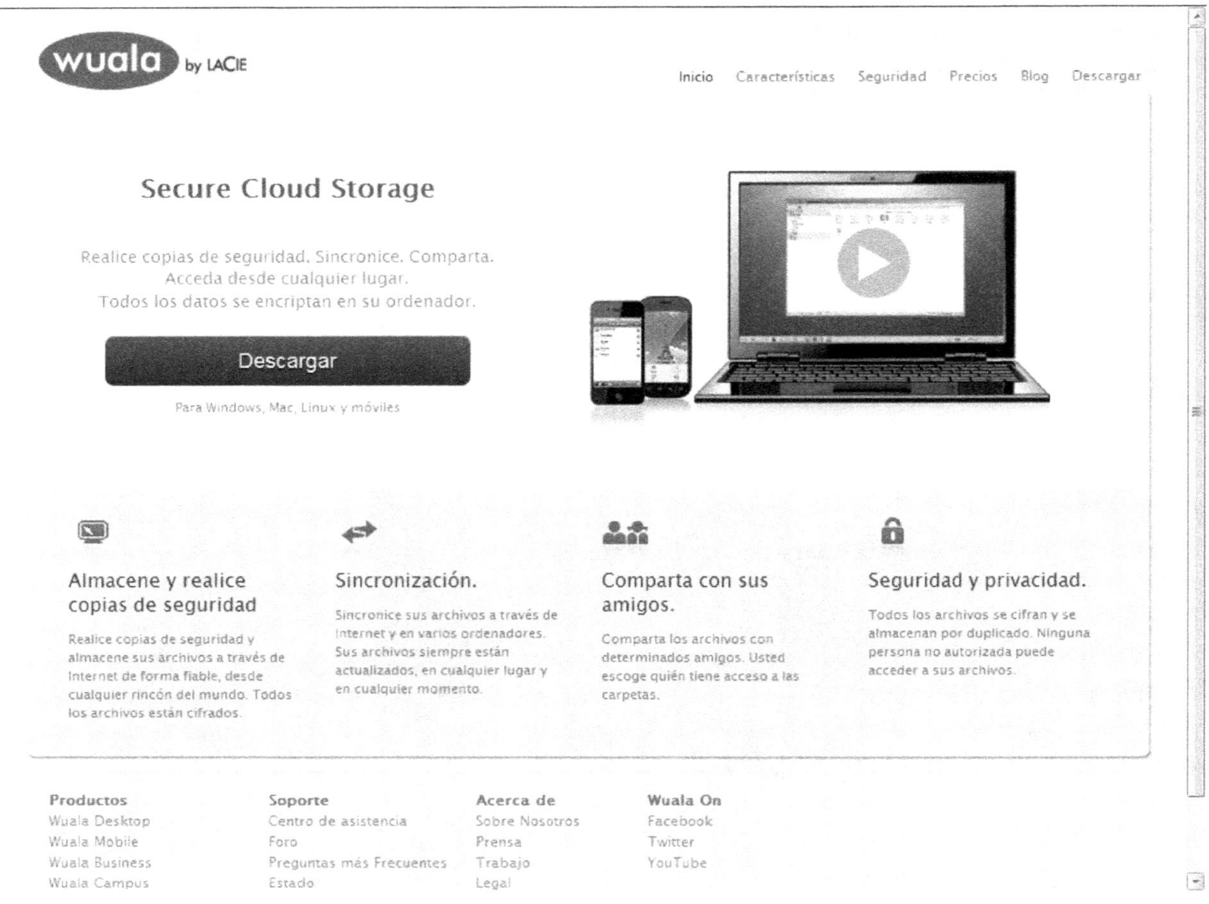
wuala by LACIE
Inicio Características Seguridad Precios Blog Descargar
Secure Cloud Storage
Realice copias de seguridad. Sincronice. Comparta.
Acceda desde cualquier lugar.
Todos los datos se encriptan en su ordenador.
Descargar
Para Windows, Mac, Linux y móviles
Almacene y realice copias de seguridad
Realice copias de seguridad y almacene sus archivos a través de Internet de forma fiable, desde cualquier rincón del mundo. Todos los archivos están cifrados.
Sincronización.
Sincronice sus archivos a través de Internet y en varios ordenadores. Sus archivos siempre están actualizados, en cualquier lugar y en cualquier momento.
Comparta con sus amigos.
Comparta los archivos con determinados amigos. Usted escoge quién tiene acceso a las carpetas.
Seguridad y privacidad.
Todos los archivos se cifran y se almacenan por duplicado. Ninguna persona no autorizada puede acceder a sus archivos.
Productos
Wuala Desktop
Wuala Mobile
Wuala Business
Wuala Campus
Soporte
Centro de asistencia
Foro
Preguntas más Frecuentes
Estado
Acerca de
Sobre Nosotros
Prensa
Trabajo
Legal
Wuala On
Facebook
Twitter
YouTube

SKYDRIVE de Microsoft

Es TU NUBE

Tienes acceso a todas tus cosas en tu SkyDrive, tu nube personal, dondequiera que estés. Tus fotos, documentos y otros archivos importantes están disponibles en tu teléfono, tableta, PC o Mac. En definitiva, tus cosas y toda tu información ya no tienen que estar en un solo equipo o dispositivo.

Y si estás en Windows 8 y has iniciado sesión en tu cuenta de Microsoft, puedes ver todas tus fotos, editar y compartir documentos de Office o compartir con quien tú quieras. Además, cosas como la pantalla, el fondo y la configuración se mueven contigo.

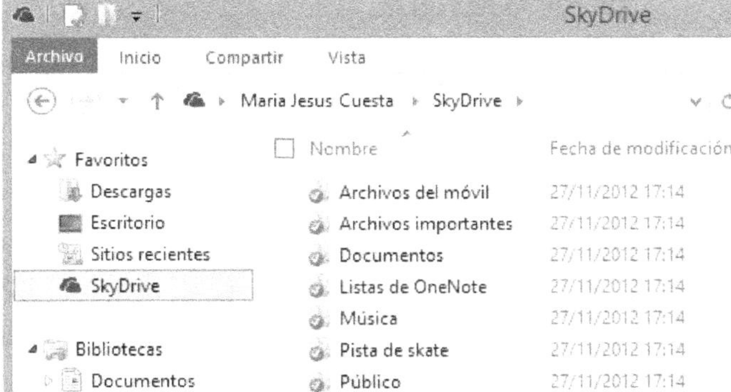

Consigue Word, Excel, PowerPoint y OneNote gratis en tu navegador con SkyDrive y Office Web Apps gratuitas. Varias personas en distintos lugares pueden trabajar en el mismo documento, al mismo tiempo. Comparte solo los documentos que elijas con la gente que desees y mantén la privacidad del resto.

¿Prefieres usar la versión completa de escritorio de Office Office? No te preocupes; SkyDrive funciona también perfectamente ahí.

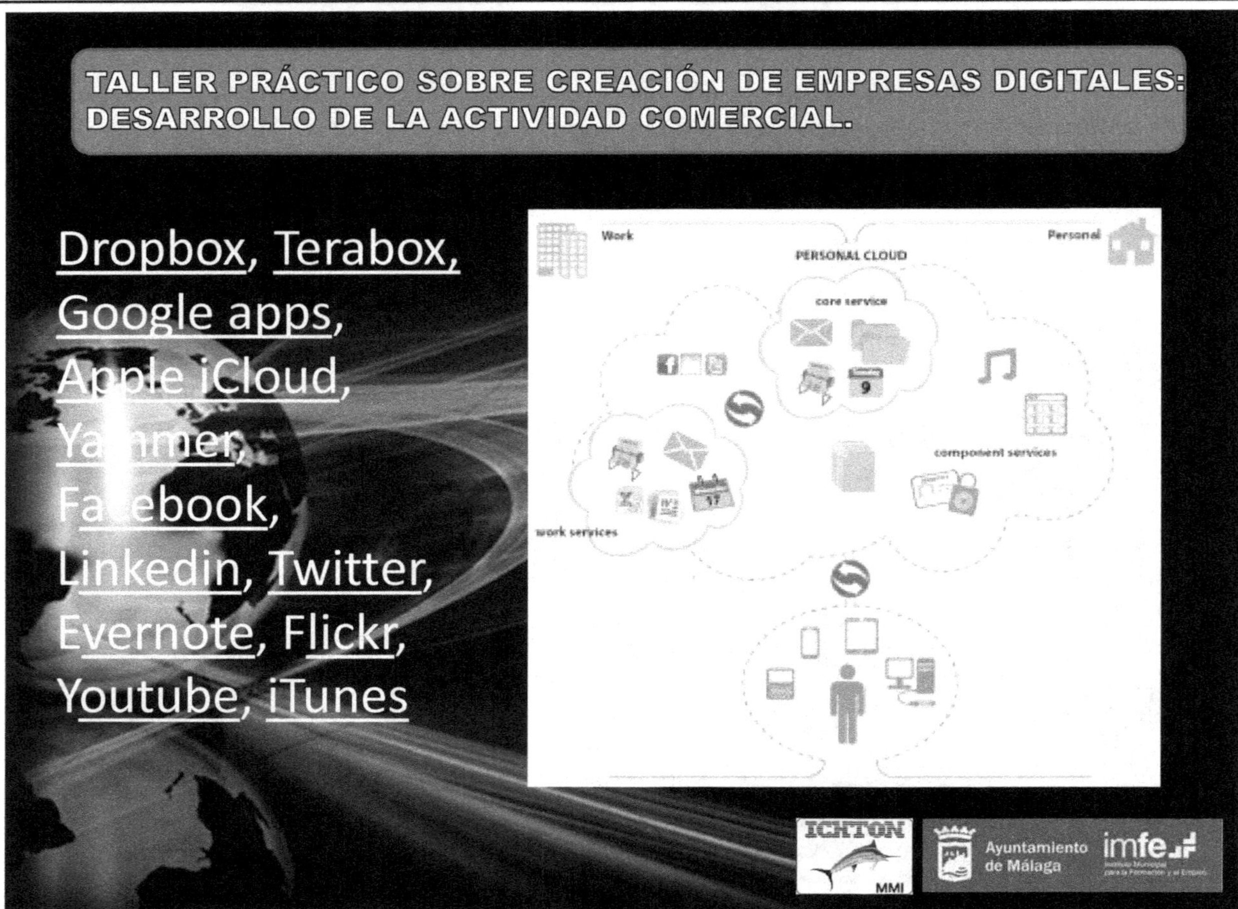

TALLER PRÁCTICO SOBRE CREACIÓN DE EMPRESAS DIGITALES:
DESARROLLO DE LA ACTIVIDAD COMERCIAL.
Dropbox, Terabox, Google apps, Apple iCloud, Yammer, Facebook, Linkedin, Twitter, Evernote, Flickr, Youtube, iTunes
Work
Personal
PERSONAL CLOUD
core service
component services
work services
ICHTON
MMI
Ayuntamiento de Málaga
imfe

Diversas aplicaciones relaccionadas y construidas para trabajar In the Cloud, todas son gratuitas, aunque conllevan algunos servicios adicionales de pago, otras están relacionadas con el ocio, o se les conoce para entornos de ocio, pero se demuestra la gran fuerza y uso que tiene cuando lo usamos en entornos de empresa, como canales de Youtube para nuestros videos y redes sociales.

Además de ello:

Es necesario integrar una buena solución de gestión contable, facturación, clientes.
Si puede ser con unos costes mínimos y bajo software libre.
Existen innumerables CRM y ERP de gestión muy potentes.
Tanto a nivel local, de intranet y en la nube, con acceso desde cualquier lugar.

ERP son las siglas de Enterprise Resource Planning o Planificación de Recursos de la Empresa.
CRM de la sigla del término en inglés «customer relationship management» software para la administración de la relacción con los clientes.

Algunos entornos en la nube más complejos que permiten llevar hasta nuestra facturación.

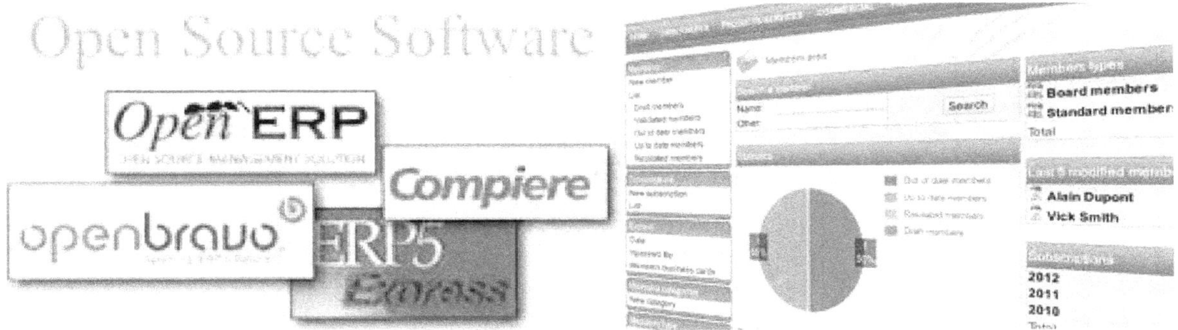

Los sistemas ERP típicamente manejan la producción, logística, distribución, inventario, envíos, facturas y contabilidad de la compañía de forma modular, además de ser un poco la transtienda del negocio.

ERP son las siglas de Enterprise Resource Planning o Planificación de Recursos de la Empresa.

TALLER PRÁCTICO SOBRE CREACIÓN DE EMPRESAS DIGITALES: DESARROLLO DE LA ACTIVIDAD COMERCIAL.
Diversas alternativas Open Source como Tryton, OpenERP CiviCRM o HiperGate. Como caso particular, SugarCRM ofrece su versión Community de forma gratuita.
Algunos ejemplos de CRM
vtiger
SUGARCRM
ORACLE
Microsoft Dynamics CRM
ZOHO Work. Online
B·Kin
salesforce.com
salesboom Cloud CRM
CRM de la sigla del término en inglés «customer relationship management» software para la administración de la relacción con los clientes.
ICHTON
MMI
Ayuntamiento de Málaga
imfe

CRM de la sigla del término en inglés «customer relationship management» software para la administración de la relacción con los clientes.

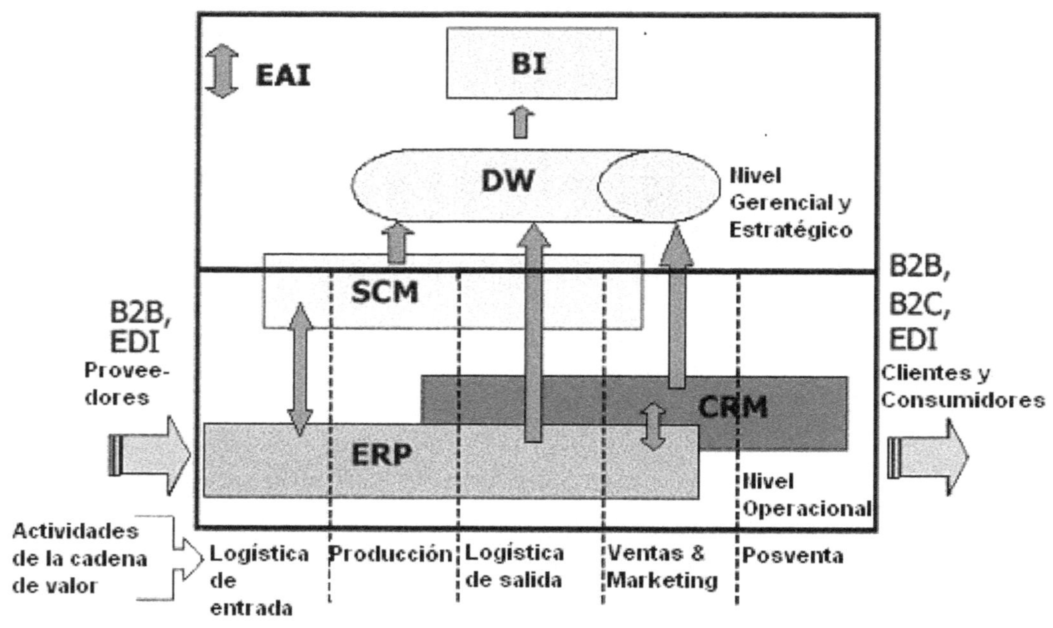

DIRECCIONES DE INTERÉS DE LA ADMINISTRACIONES

Instituciones que operan en el territorio de todo el Estado.
Consejo Superior de Cámaras de Comercio http://www.cscamaras.org/
Dirección General de Política de la Pyme http://www.ipyme.org
Instituto de Crédito Oficial (ICO) http://www.ico.es
Instituto Nacional de Empleo http://www.inem.es
Instituto Nacional de Estadística (INE) http://www.ine.es
Ministerio de Trabajo y Asuntos Sociales http://www.mtas.es/
Servicio de información sobre discapacidad http://sid.usal.es/default.asp
Oficina de Patentes y Marcas http://www.oepm.es
Seguridad Social http://www.seg-social.es
Agencia Tributaria http://www.aeat.es

Instituciones que operan en las comunidades autónomas
ANDALUCIA

Junta de Andalucía. Creación de empresas http://www.andaluciajunta.es/aj-cathtml?p=/Perfil/Empresa/&s=/Perfil/Empresa/Creacion_De_Empresas/
Consejeria de innovación Ciencia y Empresa www.juntadeandalucia.es/empleo

Cámaras de Comercio:
Internet: http://www.camaralmeria.com/
Internet: http://www.camarahuelva.com
Correo electrónico: informatica@camaralmeria.com
Correo electrónico: registro.camarahuelva@nexo.es
Internet: http://www.cscamaras.es/cadiz
Internet: http://www.camaramalaga.com
Internet: http://www.camerdata.es/granada
Internet: http://www.cscamaras.es/sevilla

Instituciones que operan en las comunidades autónomas
ARAGÓN
Asociación de empresarias de Aragón Teruel http://www.arame.org/emprender.asp
http://www.emprender-en-aragon.es/defaultescuela.html
Internet: http://www.camarateruel.com
http://www.iaf.es/
Internet: http://www.ccihuesca.camerdata.es
ASTURIAS
http://www.srp.es/interior.asp?MP=4
http://www.autonomoastur.net/autonomos/
http://www.cscamaras.es/aviles

Instituciones que operan en las comunidades autónomas
BALEARES
Govern de les Illes Balears http://www.caib.es/fcont.htm

http://www.caeb.es
http://www.ventanillaempresarial.org/ventanillaempresarial/vuemallo.htm

CANARIAS
Gobierno de Canarias http://www.gobcan.es/
http://www.ventanillaempresarial.org/ventanillaempresarial/vuteneri.htm
http://www.ventanillaempresarial.org/ventanillaempresarial/vupalmas.htm
CANARIAS
Cámaras de Comercio:
http://www.camaralp.es
http://www.cscamaras.org/tenerife

CANTABRIA
http://www.gobcantabria.es/
http://www.empleacantabria.com/
http://www.apemecac.es/
http://www.ceoecant.es/

CATALUÑA Generalitat de Catalunya
http://www.gencat.net/treball/ambits/autoocupacio
http://www.barcelonactiva.es/index_e.html
http://www.cambrescat.es

Instituciones que operan en las comunidades autónomas

CATALUÑA Cámaras de Comercio:
Barcelona Lleida
http://www.cambrescat.es
Girona
http://www.cambra.gi

CASTILLA LA MANCHA Portal de la Junta de Castilla la Mancha

http://www.jccm.es/portal_desarrollo/atencion_ciudadana/ventanilla_unica_empresarial-ides-idweb.html
Portal FECMES http://www.fecmes.es/Portal/autoempleo/guia/guiaenlaces.asp
Castilla la Mancla clm innovación http://www.clminnovacion.com/emprendedores/default.htm
Federación Empresarial de Castilla la Mancha de Economía Social http://www.fecmes.es/
Cámaras de Comercio:
Albacete Cuenca
Ciudad Real
http://www.camerdat.es

CASTILLA LA MANCHA Cámaras de Comercio:
Guadalajara Toledo
http://www.cscamaras.es/guadalajara
http://www.ccitoledo.camerdata.es

CASTILLA LEON Junta de Castilla y León:

http://www.emprendiendo.com/
http://www.ventanillaempresarial.org/ventanillaempresarial/vuburgos.htm
http://www.ventanillaempresarial.org/ventanillaempresarial/vuevalla.htm
http://www.ventanillaempresarial.org/ventanillaempresarial/vuzamora.htm

Instituciones que operan en las comunidades autónomas
CASTILLA LEÓN Cámaras de Comercio:
Burgos Salamanca
http://www.camaraburgos.com
http://www.cocicyl.es
http://www.cocipa.es
http://www.camarasoria.com

CEUTA Cámara de Comercio:
Correo electrónico: sgeneralceuta@camaras.org

Instituciones que operan en las comunidades autónomas
EXTREMADURA Federación Empresarial de Castilla la Mancha de Economía Social
http://www.fecmes.es/
Fomento de Emprendedores Extremadura http://www.bme.es/emprendedores/
Confederación de Organizaciones Empresariales de la Provincia de Badajoz
http://www.coeba.es/

GALICIA Centro Europeo de Empresas e Innovación de Galicia
http://www.bicgalicia.es/documentos/especial/cinco/webs.htm
Invest Compostela
http://invest.maiscompostela.com/ligazons/interior.php?txt=in_ligazons&lg=cas
Instituto Galego de Promoción Económica de Galicia
http://www.igape.es/
Cámaras de Comercio: A Coruña Lugo
Internet: http://www.camerdata.es/coruna
Internet: http://www.camaralugo.com

Instituciones que operan en las comunidades autónomas
GALICIA
Cámaras de Comercio: Orense Vigo
http://www.camaras.org/ourense
http://www.camaravigo.com
Pontevedra
http://www.camaras.org/pontevedra

LA RIOJA Gobierno de La Rioja.
Agencia Cámara de Comercio:
de Desarrollo Económico La Rioja http://www.ader.es/

MADRID Comunidad de Madrid. Portal de emprendedores
http://www.madrid.org/cs/Satellite?pagename=Emprendedores/EMPR_HOME/EMPR_HomeTEmplate
Madrid Emprendedores

http://www.madridemprendedores.com/

Instituciones que operan en las comunidades autónomas
MADRID Ventanilla Única Empresarial
http://www.ventanillaempresarial.org/ventanillaempresarial/vumadrid.htm
Cámara de Comercio: Cámara de Madrid.
http://www.camaramadrid.es/SEDE/foroemprende
http://www.camaramadrid.es

MURCIA Ventanilla Única Empresarial
http://www.ventanillaempresarial.org/ventanillaempresarial/vumurcia.htm
http://www.cocin-cartagena.es
http://www.cocin-murcia.es

NAVARRA Navactiva. El portal de empresas de Navarra Empleo Navarra
http://www.navactiva.com/web/es/
http://www.navarra.es/home_es/Temas/Empleo+y+Economia/Empleo/Empresa/Creacion+de+empresas/

Instituciones que operan en las comunidades autónomas
NAVARRA Asociación de la Industria de Navarra
http://www.ventanillaempresarial.org/
http://www.ain.es/anillaempresarial/vunavarr.htm
http://www.camaranavarra.com

PAIS VASCO Gobierno Vasco.Portal para emprendedores y pymes del País Vasco
http://www.enpresadigitala.net/castellano/index.jsp
http://www.camaradealava.com
http://www.camaraguipukcoa.com
http://www.camaranet.com

COMUNIDAD VALENCIANA IMPIVA
(Instituto de la Mediana y Pequeña Alicante Industria Valenciana)
http://www.impiva.es/
http://www.camaracs.es
http://www.infocamaras.com
http://www.camaravalencia.com

BIBLIOGRAFIA

Instituciones que operan en las comunidades autónomas
CREACIÓN DE EMPRESAS. GUÍA PARA EL DESARROLLO DE INICIATIVAS EMPRESARIALES. Ediciones Pirámide. Año 2000
CREACIÓN Y PUESTA EN MARCHA DE UNA EMPRESA. Ministerio de Economía, Dirección General de Política de la Pyme. Año 2001
COMO CREAR Y HACER FUNCIONAR UNA EMPRESA.
CONCEPTOS E INSTRUMENTOS, M. de los Ángeles Gil Estallo. ESIC Editorial. 5 edición. Año 2000 EL EMPRENDEDOR DE ÉXITO. GUÍA DE PLANES DE NEGOCIO. Rafael Alcázar Rodríguez. McGraw - Hill. 3 edición. México, Año 2006
LA CAIXA, PORTAL DEL EMPRENDEDOR
http://www.emprendedorxxi.es/html/creacion_idea.asp
CAMPUS EMPLEO CREACIÓN DE EMPRESAS, EMPRENDEDORES, AUTOEMPLEO
http://ciberconta.unizar.es/enlaces/mejor/TraCre/INICIO.HTML
CEIN IDEAS DE NEGOCIO. APORTACIÓN DE IDEAS Y SECTORES EMERGENTES
http://www.cein.es/web/es/servicios/ideasnegocio/servicios/5723.php
CEIN Digital http://www.cein.es/
GUÍA PARA LA CREACIÓN DE EMPRESAS, Tierry Casillas y José Manuel Martí. Colección EOI Empresa. 3 edición. Año 2006
GUÍA PARA LA CREACIÓN DE EMPRESAS, Cámara Oficial de Comercio e Industria de Madrid. Año 1.999
GUÍA PARA LA CREACIÓN DE EMPRESAS. Instituto Madrileño de Desarrollo (Imade). Año 2000
Página web SUBVENCIONES EN LA RED
http://www.ayudas.net/Programa_Emprendiendo7129BT1ERP14O1PQ.htm
• Ayudas e Incentivos de la Administración • Confederación Empresarial
http://www.ipyme.org/sie/ayud.htm
http://www.ceim.es/acople_g/index_ayudas.htm
Ayudas de ámbito nacional - Guía de financiación comunitaria y para la Comunidad Valenciana
http://www.guiafc.com
http://www.fcae.ua.es/afc/
BANCO MUNDIAL DE LA MUJER
http://www.autoempleomujer.com/
DIRECTORIO DE UNIVERSIA PARA EMPRENDEDORES
http://empleo.universia.es/contenidoshtml/emprendedores/indicedecontenidos_emprendedores.htm
COMO ENCONTRAR IDEAS DE NEGOCIO
http://www.gestiopolis.com/Canales4/Wald/85.htm
ICO. LINEA ICO PARA EMPRENDEDORES
http://www.ico.es/web/contenidos/0/171/index
BANCAJA, OBRA SOCIAL. EMPRENDEDORES
http://obrasocial.bancaja.es/emprendedores/emprendedores.aspx
CREACIÓN DE EMPRESAS
http://www.creaciondempresas.com/

ENLACES CON PÁGINAS WEB DE INTERÉS PARA EMPRENDEDORES
http://www.barcelonanetactiva.com/aplic/bd/ba_li_01.nsf/F_Web?OpenForm&Idi=ES&Tipo=Cat&Cat=19
EMPRENDEDORES NEWS
http://www.emprendedoresnews.com/
Emprendedoras - El Portal de las Pymes http://www.emprendedoras.com/
http://www.pymeland.com/cv/index.asp

Guía para la creación de empresas - Portal de Negocios
http://www.injef.com/revista/empresas/indice.htm
http://www.netgocio.com/
Guía 2001Emprendedores - Red GEA
http://www.guia2001emprendedores.com/
http://www.mtas.es/mujer/gea/bienvenida.html
Infoemprendedores http://www.infoemprendedores.com/
NEURONA. EMPRENDEDORES
http://www.neurona.com/emprendedores-creacion-de-empresas.html
SOY ENTREPRENEUR
http://www.soyentrepreneur.com/contenidos/home.html?setcookie=1&setresolucion=2
FINANZAS. COM
http://www.finanzas.com/pymes/default.asp
SLIDESHARE
http://www.slideshare.net/ichton/taller-practico-empresas-digitales
EMPRESA DIGITAL
http://www.buenastareas.com/ensayos/La-Empresa-Digital/1360861.html
PORTALENTO
http://www.portalento.es/emprendedores
CIRCE
http://www.circe.es/Circe.Publico.Web/Articulo.aspx
MALAGA24H
http://malaga24h.malaga.eu/
EUGO
http://www.eugo.es
VENTANILLA EMPRESARIAL
http://www.ventanillaempresarial.org
VENDES EN INTERNET
http://www.vendeseninternet.org
FNMT
http://www.cert.fnmt.es
DNI ELECTRÓNICO
http://www.dnielectronico.es
MINETUR.GOB.ES
https://sedeaplicaciones2.minetur.gob.es/prestadores/

www.ingramcontent.com/pod-product-compliance
Lightning Source LLC
Chambersburg PA
CBHW051346200326
41521CB00014B/2496
* 9 7 8 8 4 6 1 7 0 1 0 8 7 *

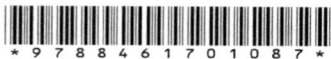